Sabine Ratz
Beatrix Haupt-Jennert

Kunst an Stationen

Handlungsorientierte Materialien zu den Kernthemen der
Klassen 3 und 4

Auer Verlag

Die Herausgeber:

Marco Bettner — Rektor als Ausbildungsleiter, Fachlehrer für Mathematik

Dr. Erik Dinges — Schulleiter, Referent in der Lehrerfort- und -weiterbildung

Die Autorinnen:

Sabine Ratz — Grundschullehrerin und Autorin

Beatrix Haupt-Jennert — Grundschullehrerin und Autorin

Gedruckt auf umweltbewusst gefertigtem, chlorfrei gebleichtem
und alterungsbeständigem Papier.

1. Auflage 2010
Nach den seit 2006 amtlich gültigen Regelungen der Rechtschreibung
© Auer Verlag
AAP Lehrerfachverlage GmbH, Donauwörth
Alle Rechte vorbehalten
Das Werk und seine Teile sind urheberrechtlich geschützt. Jede Nutzung in anderen als den gesetzlich zugelassenen Fällen bedarf der vorherigen schriftlichen Einwilligung des Verlages. Hinweis zu § 52a UrhG: Weder das Werk noch seine Teile dürfen ohne eine solche Einwilligung eingescannt und in ein Netzwerk eingestellt werden. Dies gilt auch für Intranets von Schulen und sonstigen Bildungseinrichtungen.
Titelbild: Corina Beurenmeister
Illustrationen im Innenteil: Bettina Weyland
Satz: Fotosatz H. Buck, Kumhausen
Druck und Bindung: Kessler Druck + Medien GmbH, Bobingen
ISBN 978-3-403-0**6503**-6

www.auer-verlag.de

Inhalt

Vorwort 4
Einführung 5

Indianische Kunst

Lehrerinformation 6
Materialaufstellung 6

Station 1: Magisches Auge 9
Station 2: Indianische Maske 10
Station 3: Indianische Muster – Stirnband und Armband 11
Station 4: Indianerkette mit Ledersäckchen ... 12
Station 5: Regenmacher 13
Station 6: Totempfahl 14

Keith Haring und seine Figuren

Lehrerinformation 15
Materialaufstellung 16

Station 1: Malen mit Zuckerkreide 19
Station 2: Pyramide – großformatige Gemeinschaftsarbeit 20
Station 3: Keith-Haring-Button 21
Station 4: Der Künstler Keith Haring 22
Station 5: Sammelmappe im Keith-Haring-Look 23
Station 6: Bilderrahmen mit Keith-Haring-Motiven 24

Rund ums Mittelalter

Lehrerinformation 25
Materialaufstellung 25

Station 1: Ritterburg – Bild mit beweglichen Teilen 29
Station 2: Wappen aus Prägefolie 30
Station 3: Schreiben wie im Mittelalter – mit Feder und Tusche 31
Station 4: Fantasietier – Tuschezeichnung . 32
Station 5: Der Künstler Albrecht Dürer ... 34
Station 6: Don Blech, der Dosenritter ... 37
Station 7: Exlibris selbst gestalten 38
Station 8: Exlibris als Linoldruck 40

Weltall und Planeten

Lehrerinformation 41
Materialaufstellung 41

Station 1: Planetenmodell Saturn 44
Station 2: Außerirdischer aus allerlei Alltagsmaterial 45
Station 3: Rakete im Weltall 46
Station 4: Schmirgelpapier-Planetenbild . 47
Station 5: Mondoberfläche aus Strukturpaste 48
Station 6: Fadenbild-Sonne 49

Zauberhafte Schmetterlinge

Lehrerinformation 50
Materialaufstellung 50

Station 1: Schmetterlinge mit Ölpastellkreide 53
Station 2: Experimentieren mit Klebstoff ... 54
Station 3: Leinwandmalerei nach Louisa Lente 55
Station 4: Blumentopfstecker 56
Station 5: Collage mit Faltschmetterling . 58
Station 6: Mimikry 59
Station 7: Bunte Schmetterlingsblüte 60
Station 8: Schmetterlingsmobile 62

Rosina Wachtmeister

Lehrerinformation 64
Materialaufstellung 64

Station 1: Blumentopfstecker Katze 67
Station 2: Katze aus Efaplast 69
Station 3: Lass die Sonne scheinen 70
Station 4: Bunte Stadt 71
Station 5: Hinterglasmalerei 72
Station 6: Die Künstlerin Rosina Wachtmeister 73

Anhang

Laufzettel 74
Abbildungen 75

Vorwort

Bei den vorliegenden Stationsarbeiten handelt es sich um eine Arbeitsform, bei der unterschiedliche Lernvoraussetzungen, unterschiedliche Zugänge und Betrachtungsweisen und unterschiedliche Lern- und Arbeitstempi der Schülerinnen und Schüler Berücksichtigung finden. Die Grundidee ist, den Schülerinnen und Schülern Arbeitsstationen anzubieten, an denen sie gleichzeitig selbstständig arbeiten können. Die Reihenfolge des Bearbeitens der einzelnen Stationen ist dabei ebenso frei wählbar wie das Arbeitstempo.

Als dominierende Unterrichtsprinzipien sind bei allen Stationen die Schülerorientierung und Handlungsorientierung aufzuführen. Schülerorientierung meint, dass der Lehrer in den Hintergrund tritt und nicht mehr im Mittelpunkt der Interaktion steht. Er wird zum Beobachter, Berater und Moderator. Seine Aufgabe ist nicht das Strukturieren und Darbieten des Lerngegenstandes in kleinsten Schritten, sondern durch die vorbereiteten Stationen eine Lernatmosphäre zu schaffen, in der Schülerinnen und Schüler sich Unterrichtsinhalte eigenständig erarbeiten bzw. Lerninhalte festigen und vertiefen können. Handlungsorientierung meint, dass das angebotene Material und die Arbeitsaufträge für sich selbst sprechen. Der Unterrichtsgegenstand und die zu gewinnenden Erkenntnisse werden nicht durch den Lehrer dargeboten, sondern durch die Auseinandersetzung mit dem Material und die eigene Tätigkeit erarbeitet und begriffen.

Ziel der Veröffentlichung ist, wie bereits oben angesprochen, das Anknüpfen an unterschiedliche Lernvoraussetzungen der Schülerinnen und Schüler. Die einzelnen Stationen ermöglichen das Lernen mit allen Sinnen bzw. nach den verschiedenen Eingangskanälen. Dabei werden sowohl visuelle (sehorientierte) und haptische (fühlorientierte) als auch intellektuelle Lerntypen angesprochen. Aus Ergebnissen der Wissenschaft ist bekannt: Je mehr Eingangskanäle angesprochen werden, umso besser und langfristiger wird Wissen gespeichert und damit umso fester verankert.

Viel Freude und Erfolg mit dem vorliegenden Band wünschen Ihnen
die Herausgeber

Marco Bettner *Dr. Erik Dinges*

Einführung

Das vorliegende Heft zum Kunstunterricht bietet Ihnen eine Sammlung von Kreativ-Stationen, die zum Teil auch für den fächerübergreifenden Unterricht geeignet sind. Sie sind nicht so gedacht, dass jeweils alle Stationen zu einem Themenkreis gleichzeitig bearbeitet werden müssen. Am besten wählen Sie mehrere Stationen aus, die Ihnen besonders zusagen. Es lässt sich auch wunderbar eine Station als kreative Arbeit im Wochenplan integrieren.

Die Bearbeitung der einzelnen Aufgabenstellungen ist natürlich auch in frontaler Arbeitsweise möglich. Es ist jedoch durchaus ein Vorteil, Stationen für die Aufgaben einzurichten. Wie in anderen Fächern bietet die Stationsarbeit auch im Kunstunterricht den Vorteil, dass das Problem des individuell unterschiedlichen Arbeitstempos aufgefangen wird. Häufig hat man im Fach Kunst das Problem, dass genau durch den vorangehend genannten Aspekt Unruhe entsteht und eine sinnvolle Differenzierung fehlt. Durch die Festlegung von Pflicht- und Zusatzaufgaben ist jedoch auch im Fach Kunst ein differenzierendes Arbeiten möglich. Ein weiterer nicht zu unterschätzender Vorteil ist, dass man die Materialien bei dieser Organisationsform nicht unbedingt in Klassenstärke benötigt.

Wenn Sie die Kunst-Stationen in einen fächerübergreifenden Arbeitsplan integrieren, sparen sie eine Menge Zeit, die sonst für den Auf- und Abbau verloren ginge. Im Frontalunterricht benötigt man sehr viel Zeit, bis jedes Kind seinen Platz hergerichtet, die Aufgabe bearbeitet und anschließend wieder aufgeräumt hat. Bei der Einrichtung einer Kreativ-Station arbeiten die Schüler sehr viel effektiver. Es gibt darüber hinaus weniger Unordnung und die Lehrkraft kann gegebenenfalls leichter Hilfestellungen geben. Durch diese Organisationsform traut man sich eher an die Anfertigung aufwendiger Arbeiten heran, deren Ergebnisse sehr effektvoll sind.

Die Aufgaben dieses Heftes sind für die Klassen 3 und 4 konzipiert. Etliche Arbeiten sind durchaus auch bereits für jüngere Schüler geeignet. Eine Entscheidung über den Einsatz des Materials kann die Lehrkraft individuell in Bezug auf die jeweilige Lerngruppe treffen.

Die Lehreranweisungen informieren über das benötigte Material und geben Tipps für die Umsetzung. Die benötigten Materialien sind in der Regel sehr leicht zu beschaffen und kostengünstig. Jede Station ist mit kleinschrittigen Arbeitsanweisungen versehen. Sie sollen die Kinder zum selbstständigen Arbeiten anhalten. Es ist immer das genaue Lesen und Umsetzen erforderlich, um zu einem guten Ergebnis zu kommen. Die Bebilderung der Arbeitsschritte bietet zudem eine visuelle Unterstützung. Natürlich ist eine einführende Erläuterung durch die Lehrkraft gegebenenfalls sinnvoll. Zahlreiche Beispiele für mögliche Endprodukte der jeweiligen Stationen sind im Anhang mit der entsprechenden Abbildungsnummer dargestellt.

Das Unterrichtsmaterial ist so aufbereitet, dass auch von fachfremd arbeitenden Kolleginnen und Kollegen ein leicht umzusetzender und für die Kinder motivierender Kunstunterricht möglich ist.

In vier der sechs Kapitel werden Überleitungen zu bekannten Künstlern und deren Arbeiten gemacht. Die Schüler erhalten Informationen über den jeweiligen Künstler und lernen Werke von Keith Haring, Albrecht Dürer, Franz Grickschat, Louisa Lente und Rosina Wachtmeister kennen.

Tipp 1: Die Arbeit wird sehr erleichtert, wenn man seine Klasse von Beginn an dazu erzieht, immer Unterlagen zu verwenden, Malkittel anzuziehen und alle Blätter vor Beginn der Arbeit mit dem Namen zu beschriften.

Tipp 2: Die Arbeitsergebnisse kommen besonders gut zur Geltung, wenn sie auf buntes Tonpapier aufgeklebt werden.

Tipp 3: Viele „Kunstwerke" eignen sich auch sehr gut als Geschenke zum Muttertag, zu Weihnachten oder zu ähnlichen Anlässen.

„Kunstvolle" Unterrichtsstunden wünschen Ihnen
die Autorinnen

Sabine Ratz   *Beatrix Haupt-Jennert*

Indianische Kunst

Lehrerinformation

Das Thema Indianer ist in den Fächern Deutsch und Sachunterricht sehr beliebt. Es kann durch motivierende Aktivitäten fächerübergreifend im Kunstunterricht ergänzt werden.

Materialaufstellung

Station 1: Magisches Auge (Abb. 1)
- relativ gerade Äste aus der Natur, Länge ca. 20–30 cm (pro Kind werden 2 Äste benötigt) oder Schaschlikspieße
- Wollreste
- eventuell Federn, Perlen, Schneckenhäuser zum Verzieren

Das magische Auge ist die einfache Version eines Traumfängers. Besonders schön wirken die Arbeiten, wenn Stöcke aus der Natur verwendet werden. Man kann natürlich auch mit Schaschlikspießen arbeiten.
Zu Beginn benötigen die Kinder etwas Hilfe beim Herstellen des Kreuzes oder beim Wechseln der Wollfarbe. Dann jedoch können sie immer selbstständiger arbeiten. Im Rahmen eines Indianerprojektes oder auf einer Klassenfahrt lässt sich diese Station wunderbar in der freien Natur bearbeiten. Nachdem die Kinder ihre Äste gesucht haben, geht es los mit der Wickeltechnik. Von innen nach außen gewickelt, wächst das magische Auge zu einem individuellen Kunstwerk. Der Fantasie und den Ideen der Kinder sind hier keine Grenzen gesetzt. Auch Federn, Schneckenhäuser oder Perlen können in das magische Auge mit eingebunden werden.
Das magische Auge zu wickeln, ist für Kinder sehr motivierend und spricht besonders die Jungen an. Viele Kinder sind so begeistert, dass sie gleich mehrere Exemplare herstellen.

Station 2: Indianische Maske (Abb. 2, 3)
- Sachbücher über Indianer
- Zeitungspapier als Unterlage
- weißes Papier, Größe DIN A4 (Zeichenblock)
- Wasserfarben
- Pinsel in verschiedenen Stärken (Nr. 2, 4, 6, 8, 10)
- Wasserbecher
- Buntstifte
- farbiger Tonkarton in DIN A4 oder größer (je nach Aufgabenstellung)
- eventuell Federn

Das Malen einer Indianermaske ist eine einfache, schnell durchführbare und für Kinder motivierende Arbeit. Dabei ist es wichtig, vor Arbeitsbeginn über typische indianische Körperbemalungen, die dabei verwendeten Muster und die charakteristischen leuchtenden Farben zu sprechen. Der deckende Farbauftrag, der durch langes Rühren der Farbe erzielt wird, sowie auch die Verwendung unterschiedlicher Pinselstärken sollten unbedingt thematisiert werden. Feine Muster lassen sich mit großen Pinseln nicht umsetzen. Die grafischen typischen Muster der Indianer sind leicht zu imitieren, gleichzeitig besonders effektvoll und dadurch für Kinder sehr anregend.
Das Nachbearbeiten der Maske auf dem getrockneten Kunstwerk bringt die Muster gut zur Geltung. Je nach vorher benutzter Wasserfarbe können hier unterschiedliche Buntstiftfarben verwendet werden. Durch die Verwendung ähnlicher Farben oder sich stark abhebender Farben kann man besonders tolle Effekte erzielen. Hier gilt es einfach, auszuprobieren und seine eigenen Erfahrungen zu machen. Durch die Verwendung von Konturenfarben können die Kinder ihre Bilder sehr stark aufwerten.
Die ausgeschnittenen Masken können entweder einzeln oder zusammen als Gemeinschaftsarbeit auf einen großen Tonkarton geklebt werden. Auch bietet sich die Möglichkeit an, die gemalten Masken mit aufgeklebten Federn zu verschönern.

Station 3: Indianische Muster – Stirnband und Armband (Abb. 4, 5)
- Zeitungspapier als Unterlage
- Stoffbänder (ca. 1 m pro Stirnband und 30 cm pro Armband, Breite 5 cm)
- Stoffmalfarben in den Grundfarben (Blau, Grün, Rot, Gelb, Weiß, Schwarz), alternativ Schulmalfarben oder Acrylfarben
- Pinsel
- Schälchen (für die Farben)
- Kartoffeln (pro Kind werden 2 Kartoffeln benötigt)
- kleine Messer (nicht zu scharf)
- Brettchen
- Schüssel mit Wasser
- Küchenrolle
- eventuell Federn, Holzperlen, Lederbänder oder Baumwollfäden
- Bügeleisen

Die Kinder sind bei der Herstellung der Stempel sehr kreativ und es entstehen oft interessante Formen.

Als Stoff reicht ein billiger einfacher Nesselstoff aus Baumwolle. Er hat zudem die Naturfarbe der Baumwolle und passt daher gut zum Thema. Am ursprünglichsten sieht es aus, wenn der Stoff gerissen wird. Das ist darüber hinaus die einfachste Methode und Zeit sparend. Den Stoff einfach am Rand einschneiden und reißen. Die bedruckten und gebügelten Bänder kann man mit einem einfachen Knoten fixieren und erspart sich somit aufwändige Näharbeiten. In den Knoten kann eine Feder hineingesteckt werden. Auch die Befestigung einer Schnur mit Holzperlen oder Muscheln sieht gut aus.

Tipp: Normalerweise reicht Schulmalfarbe oder Acrylfarbe zum Bedrucken der Bänder völlig aus. Natürlich sind die Bänder dann nicht so haltbar und könnten beim Nasswerden verlaufen. Vorteil bei dem Einsatz von Schulmalfarbe ist die Verfügbarkeit und die geringen Kosten. Der Verbrauch von Farbe ist sehr gering, wenn man den Kindern Farbe zur gemeinsamen Nutzung gibt.

Tipp: Es kann auch ein weißes T-Shirt mit Mustern bedruckt werden. Hierfür wird natürlich Stoffmalfarbe benötigt.

Station 4: Indianerkette mit Ledersäckchen (Abb. 6)
- Lederbänder (pro Kind werden 2 Bänder benötigt, 1 für die Kette, 1 für das Säckchen)
- Holzperlen
- Holzstücke
- Muscheln
- Federn
- Silberdraht
- Scheren
- Lederreste, alternativ brauner Filz
- Lochzange
- eventuell kleine Teller
- eventuell Filzstifte

Hier können die Kinder aus einer Sammlung von geeigneten Bastelmaterialien auswählen und ihre individuelle Kette gestalten.

Kinder, die noch nicht so geübt im Ausschneiden einer Kreisform sind, können kleine Teller als Schablone benutzen und mit einem Filzstift den Teller umfahren.

Tipp: Das Säckchen für den Glücksbringer kann auch in einer einfacheren Version aus braunem Filz hergestellt werden. Die Kinder können einen Halbedelstein oder einen individuellen Glücksbringer hineinlegen.

Station 5: Regenmacher (Abb. 7)
- Zeitungspapier als Unterlage
- Papphröhren (Paketrollen von ca. 40–50 cm Länge oder Küchenrollen)

- Hammer
- Nägel (bei Plakatrollen ca. 2 cm Länge, bei Küchenrollen kürzere Nägel), pro Kind werden ca. 30 (Küchenrolle) bis 60 (Plakatrolle) Stück benötigt
- Pappen (z. B. Zeichenblockrückseite)
- Filz, Größe so bemessen, dass die Ausschnitte einen um 1 cm größeren Durchmesser haben als die Papprolle
- Scheren
- Bleistifte
- Klebstoff
- durchsichtiges Klebeband oder Kreppband
- Reis (pro Kind ca. 1 Tasse; bei Verwendung der kleineren Küchenrolle reicht die Hälfte)
- farbiges Tonpapier in DIN A4 oder größer (zugeschnitten auf Länge mal Umfang der verwendeten Rolle → Klebelaschen nicht vergessen!)
- Acrylfarben
- alte Teller als Malerpalette
- Pinsel in verschiedenen Stärken (Nr. 2, 4, 6, 8, 10)
- Materialien zum Verzieren, zum Beispiel Bast, Perlen, Bänder, Schnur, Kordeln, Federn

Der Regenmacher wurde ursprünglich im trockenen Norden Chiles von den Indianern für Regenzeremonien verwendet. Mit einem Regenmacher lässt sich das Geräusch des Regens nachahmen, denn das Durchrieseln der Körner durch die Nägel in der Papprolle klingt wie fallender Regen. Man kann anstelle der Paketrollen auch einfache Küchenrollen verwenden. Hier können die Nägel sogar mit der Hand hineingedrückt werden. Paketrollen erhält man im Bastelbedarf oder bei einem Büromaterialversand. Die Nägel müssen zahlreich, aber nicht zu eng gesteckt werden, da sonst der Reis nicht mehr richtig rieseln kann. Werden zu wenige Nägel verwendet, fällt der Reis zu schnell durch die Rolle.
Der Filz dient dazu, das Geräusch des auf den Pappboden fallenden Reises zu dämpfen.
Am Ende bietet es sich an, die Rolle mit Tonpapier zu bekleben. Die Tonpapierbögen sollten von der Lehrkraft vorbereitet werden. Als Materialien zum Verzieren eignen sich Farben, Bast, Perlen … Der Fantasie sind keine Grenzen gesetzt.
Der Regenmacher kann auch als Rhythmusinstrument zur Liedbegleitung eingesetzt werden.

Station 6: Totempfahl (Abb. 8)
- Holzreste (pro Kind ca. 4 Latten)
- Hammer
- Nägel (Längen von 3–5 cm)
- Acrylfarben oder Schulmalfarben oder wasserfeste Holzfarben (in Rot, Blau, Grün, Gelb, Weiß, Schwarz)
- Pinsel in verschiedenen Stärken (Nr. 2, 4, 6, 8, 10)
- Wasserbecher
- Materialien zum Verzieren, zum Beispiel Federn, Muscheln, Fellreste
- Lederschnüre oder Sisalschnüre
- Silberdraht
- eventuell Klebstoff

Diese Station spricht ganz besonders Jungen an. Aber auch Mädchen trauen sich nach kurzer Eingewöhnung den Umgang mit dem Werkzeug zu. Am besten fragt man im nächst gelegenen Baumarkt nach Holzresten. Diese haben oft schon die richtige Länge, sodass nicht mehr viel gesägt werden muss. Für Sägearbeiten sollte man sich Hilfe in der Elternschaft suchen. Die Latten sind oft zu dick, sodass sie nicht mit den zumeist in der Schule vorhandenen Laubsägen von den Kindern zersägt werden können.
Der Bau eines Totempfahles kann gut im Freien stattfinden. Das ist nicht nur schön und passt zum Thema, auch die Aufräumarbeiten gestalten sich einfacher.
Nach dem Zusammennageln der Latten kann der Totempfahl mit den typischen grafischen Indianermustern angemalt werden. Soll der Pfahl im Freien stehen, muss wasserfeste Holzfarbe verwendet werden. Dabei ist zu beachten, dass diese Farben lösungsmittelhaltig sind. Ansonsten reichen Schulmalfarben aus.

Station 1 — Magisches Auge

Magische Augen werden von den Indianern an ihren Tipis aufgehängt, um das Zuhause vor dem bösen Blick und vor Streit zu schützen.

So wird's gemacht:

(1) Du brauchst zwei gerade Äste aus der Natur und Wollreste.
→ Reiße die Äste nicht am Baum ab. Besser sind bereits getrocknete Äste, die du auflesen kannst.

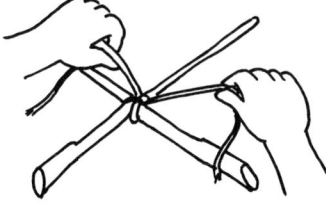

(2) Lege die beiden Äste kreuzförmig übereinander.
Binde sie in der Mitte mit Wolle zusammen.

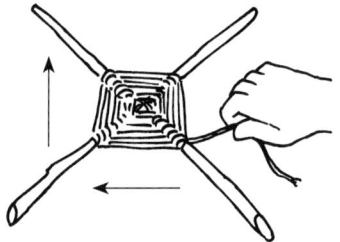

(3) Wickle den Wollfaden immer einmal um einen Ast.
Drehe das Kreuz ein Stück weiter und wickle den Faden einmal um den nächsten Ast.

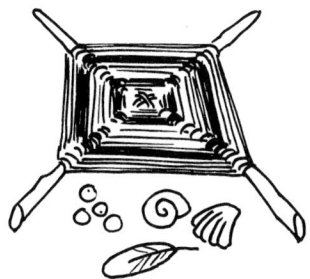

(4) Wenn du eine Weile gearbeitet hast, kannst du die Farbe wechseln. Schön sieht es aus, wenn du kontrastreiche Farben verwendest.

→ **Tipp:** Du kannst auch Federn, Schneckenhäuser oder Perlen in dein magisches Auge mit einbinden.

Station 2 — Indianische Maske

So wird's gemacht:

1. Tag:

(1) Nimm dir ein Sachbuch über Indianer, ein weißes Blatt Papier, deine Wasserfarben und Pinsel in verschiedenen Stärken.

(2) Sieh dir in dem Buch die indianische Körperbemalung an.

(3) Beginne mit der Grundform der Maske – einem Gesicht. Hier kannst du einen dicken Pinsel verwenden. Male das ganze Gesicht an.

(4) Wenn das Gesicht getrocknet ist, verziere es mit typischen indianischen Mustern.
  → Besonders wirkungsvoll sind die Grundfarben Rot, Blau, Grün, Gelb mit Schwarz und Weiß.
  → Achte darauf, dass du jetzt die Farben so lange anrührst, bis sie Blasen bekommen! Verwende jetzt die dünnen Pinsel.

2. Tag:

(1) Nimm einige schöne Buntstifte. Ziehe die Konturen an deinem getrockneten Bild nach. So kommen die Farben gut zur Wirkung.

(2) Schneide deine Maske aus und klebe sie auf einen farbigen Tonkarton.
  → Bekommt deine Maske noch einen bunten Federschmuck?

Station 3 — Indianische Muster – Stirnband und Armband

So wird's gemacht:

1. Tag:

① Du brauchst zwei Stoffbänder, zwei Kartoffeln, ein Messer und ein Brettchen, einen Pinsel und flüssige Stoffmalfarbe.

→ **Achtung:** Gehe vorsichtig mit dem Messer um, damit du dich und andere nicht verletzt!

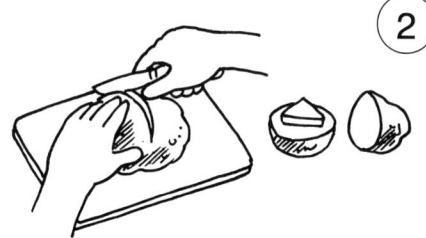

② Schneide die zwei Kartoffeln mit dem Messer in der Mitte durch. Schnitze aus jeder Hälfte Stempel mit unterschiedlichen Mustern.
→ Am besten eignen sich einfache Grundformen, die du aus dem Mathematikunterricht kennst.

③ Lege ein Stoffband glatt auf eine Zeitungsunterlage. Bestreiche mit dem Pinsel einen Stempel sorgfältig mit Farbe und drücke ihn vorsichtig auf den Stoff.

→ Achte darauf, dass du für jede Farbe einen Extra-Pinsel nimmst.
→ Wasche die Stempel beim Farbenwechsel ordentlich ab und tupfe sie mit einem Küchentuch trocken.

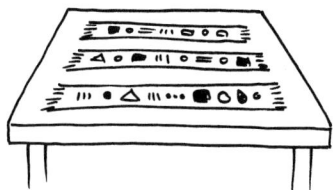

④ Lege dein Stirnband und das Armband zum Trocknen.

2. Tag:

① Wenn alles trocken ist, müssen die Bänder von einem Erwachsenen gebügelt werden, damit die Farbe haltbar wird.

② Nun kannst du dein Band am Hinterkopf zusammenknoten und anziehen.

→ **Tipp:** Du kannst deine Bänder noch mit Federn, Baumwollfäden oder einer Schnur aus Holzperlen verzieren.

Station 4 — Indianerkette mit Ledersäckchen

Indianer tragen oft Ketten mit Zähnen und Knochen von erlegten Tieren, Muscheln, Federn und Perlen. Außerdem befindet sich an der Kette oft ein kleines Ledersäckchen mit magischen Gegenständen.

Bastle deine eigene Indianerkette. Hier kannst du deiner Fantasie freien Lauf lassen.

So wird's gemacht:

(1) Du brauchst für deine Kette ein Lederband, Holzperlen, Holzstücke, Muscheln, Federn, Silberdraht und eine Schere.
Für das Ledersäckchen benötigst du ein Stück Leder, ein Lederband und eine Lochzange.

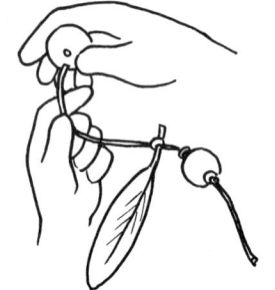

(2) Wähle aus, was du auf deine Indianerkette auffädeln möchtest.
→ Holzstücke musst du mit einem Knoten befestigen.
→ Federn kannst du am besten mit einem kleinen Stück Silberdraht anbringen.

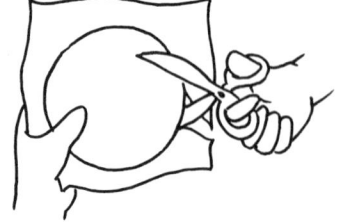

(3) Schneide für dein Ledersäckchen ein rundes Stück Leder zu.
→ **Tipp:** Verwende einen kleinen Teller als Kreisschablone.

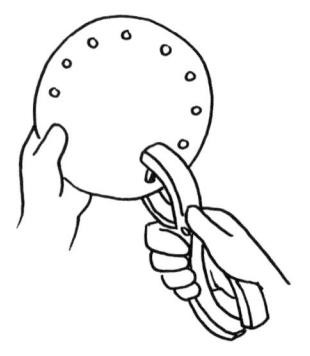

(4) Stanze mit einer Lochzange rundherum Löcher in das Leder hinein.
→ **Tipp:** Nimm einen Filzstift und zeichne zuerst die Stanzpunkte ein.

(5) Ziehe dann ein Band hindurch.
Nun kannst du einen Glücksbringer in dein Säckchen stecken.

Station 5 — Regenmacher

So wird's gemacht:

① Du brauchst eine Papprolle, einen Hammer, etwa 60 Nägel, ein Stück Pappe, einen Bleistift, eine Schere, Filz, Klebstoff, durchsichtiges Klebeband, eine Tasse Reis, Tonpapier, Acrylfarben und Pinsel.

② Schlage die Nägel von außen versetzt in die Papprolle hinein, bis die ganze Rolle mit Nägeln ausgefüllt ist.
→ **Achtung:** Die Nägel müssen vollständig in der Rolle stecken!

③ Schneide nun zwei Pappkreise in der Größe der Rollenöffnung aus und beklebe sie mit Filz.
→ Verwende die Rollenöffnung als Schablone.

④ Klebe einen der Kreise mit durchsichtigem Klebeband auf eine der Öffnungen, sodass die Rolle von einer Seite geschlossen ist.
→ **Achtung:** Klebe den Pappkreis so auf, dass sich der Filz im Inneren der Rolle befindet!

⑤ Fülle die Rolle mit dem Reis.

⑥ Klebe die zweite Pappscheibe mit durchsichtigem Klebeband auf die obere Öffnung der Rolle.
→ **Achtung:** Du musst den Filz nach innen kleben!

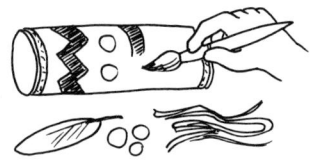

⑦ Umklebe deinen Regenmacher mit Tonpapier und verziere ihn.
→ Du kannst ihn bemalen, mit Bast umwickeln oder mit Perlen bekleben.

⑧ Nimm den Regenmacher in die Hand und stelle ihn langsam auf den Kopf. Hörst du, wie es regnet?

Station 6 — Totempfahl

Die Totempfähle der Indianer waren kunstvoll gearbeitet und mit Figuren und Mustern ausgestattet. Die aus Holz geschnitzten Tiere waren Wappentiere einer Familie. Daher werden Totempfähle auch Wappenpfähle genannt. Oft handelte es sich bei den dargestellten Tieren um Bären, Raben, Adler oder andere Tiere, denen man besondere Fähigkeiten zuschrieb. Die Indianer glaubten, dass vor vielen Jahrhunderten Menschen und Tiere sich ineinander verwandeln konnten.
So kam es dann, dass man zur Biber-Sippe oder zur Büffel-Sippe gehörte. Die Sippen standen unter dem Schutz ihrer Tiergeister. Die Totempfähle stellen also die Geschichte einer Indianerfamilie dar.

So wird's gemacht:

(1) Du brauchst Holzlatten, Nägel, einen Hammer, Pinsel in verschiedenen Stärken und flüssige Farbe.

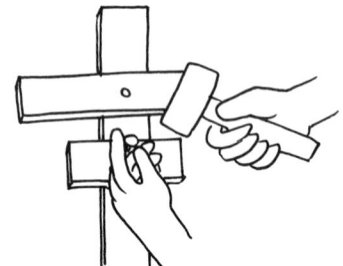

(2) Nimm eine lange Latte als Pfahl. Darauf nagelst du mit dem Hammer zwei oder drei kürzere Holzstücke quer.
→ Lege die Latte an die passende Stelle und halte den Nagel in der Mitte fest. Nun kannst du den Nagel mit dem Hammer festklopfen.

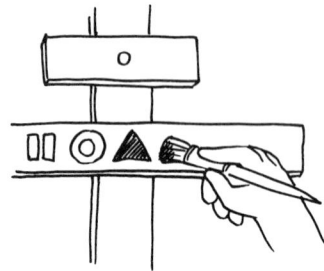

(3) Nimm einen Pinsel und etwas Farbe.
Verziere deinen Totempfahl, wie es dir gefällt, mit indianischen Mustern.

(4) Suche dir aus der Bastelmaterialienkiste Federn, Fellreste, kleine Äste und Muscheln aus.

(5) Wenn die Farbe getrocknet ist, kannst du diese Dinge mit einer Schnur an den Pfahl hängen.
→ Befestige Federn am besten mit einem kleinen Stück Draht an der Schnur.

Keith Haring und seine Figuren

Lehrerinformation

Keith Haring wurde am 4. Mai 1958 in Reading, Pennsylvania geboren. Nach der Schule studierte er in seiner Heimat zwei Jahre lang Werbegrafik, brach das Studium dann ab und entschied sich, nach New York zu gehen. Dort studierte er an der School of Visual Art Kunst.
Er war in seinem künstlerischen Tun stark vom Graffiti beeinflusst. Erstmals öffentliches Aufsehen erregte er, als er begann, mit Kreide auf leere schwarze Werbetafeln in der U-Bahn zu malen. Das Radiant Baby (Baby mit dem Strahlenkranz) wurde zu dieser Zeit zu seinem Symbol. Bald schon wurde er so berühmt, dass Leute aus der ganzen Welt ihn einluden. Seine erste Einzelausstellung hatte er 1982. Im gleichen Jahr reiste er nach Deutschland und nahm an der Documenta 7 in Kassel teil. 1988 erfuhr er von seiner Aidsinfizierung. Zwei Jahre später, am 16. Februar 1990, starb er in New York daran.[1]

Die Figuren von Keith Haring eignen sich hervorragend für den Kunstunterricht, bereits mit jüngeren Kindern. Sie sind sehr einfach gehalten und lassen der eigenen Kreativität viel Freiraum. Jedes Kind kommt zu einem Erfolgserlebnis und hat Spaß daran, verrückte Figuren zu erfinden.

Als Unterrichtseinstieg kann gut das Buch „Ich wünschte, ich müsste nicht schlafen" eingesetzt werden. Es erzählt kindgerecht in Form eines Bilderbuchs etwas über Keith Harings künstlerisches Arbeiten. In diesem Buch befindet sich unter anderem auch eine Abbildung des Radiant Baby.
Als Einstieg ins Thema bietet es sich ebenso an, gemeinsam mit den Kindern Keith Harings Werk „Ohne Titel" (Zeichnung für eine Pyramide) auf OHP-Folie zu betrachten (siehe Abb. 9 im Anhang), das auch für die Station 2 benötigt wird.

Um gute Arbeitsergebnisse zu erzielen, ist für den Unterrichtseinstieg das gemeinsame Erarbeiten von Keith Harings Gestaltungsmerkmalen sehr wichtig:
- die Figuren besitzen größtenteils kein Gesicht
- sie haben keinen Hals
- sie haben keine Finger und keine Fußzehen
- sie sind nicht real
- sie sind mit „Bewegungslinien" versehen
- sie sind mit einer dicken schwarzen Kontur umrandet

Zu empfehlende Literatur:
Fehrle, Gerdt: Ich wünschte, ich müsste nicht schlafen. Prestel 1997
Kolossa, Alexandra: Keith Haring 1958–1990. Ein Leben für die Kunst. Taschen Verlag 2009

Internetlinks:
www.haring.com
www.haringkids.com

---
[1] vgl. http://wikipedia.org/wiki/Keith_Haring

Materialaufstellung

Station 1: Malen mit Zuckerkreide (Abb. 10, 11, 12)
- Zeitungspapier als Unterlage
- weißes Papier, Größe DIN A6 (Zeichenblock) oder farbiges Tonpapier
- Bleistifte
- Zuckerkreiden in verschiedenen Farben (= Tafelkreide, Wasser, Zucker, Schälchen)
- Fixierspray (Haarspray)

Die Arbeit mit Zuckerkreide ist für die meisten Kinder eine neue Erfahrung im Bereich des Gestaltens. Diese Arbeit ermöglicht es ihnen neue Erfahrungen im haptischen Bereich zu sammeln, da sie sich deutlich von der Arbeit mit den üblichen Malmitteln unterscheidet. Man kann mit Zuckerkreide sehr schöne Ergebnisse erzielen. Zudem ist sie preisgünstig und sehr einfach herzustellen.

Man benötigt einfache Tafelkreiden und legt diese für einige Minuten (ca. 5 Min.) in Zuckerwasser. Als Schälchen eignen sich tiefe Einwegplastikteller, niedrige Gläser oder Ähnliches. Die Kreiden sollten farblich getrennt werden, um ein Verunreinigen der Farben zu vermeiden. Nun sollen die Kreiden sich einerseits „vollsaugen", andererseits aber auch nicht zu weich werden, da sie sonst zerfallen. Bei der Einwirkzeit ist darauf zu achten, dass unterschiedliche Kreiden auch unterschiedlich auf das Zuckerwasser reagieren. Wir haben die Erfahrung gemacht, dass sehr billige, meist runde Kreiden keine so gute Leuchtkraft entwickeln wie die etwas teureren quaderförmigen.

Zum Fixieren der Farben werden die Bilder mit Fixierspray oder Haarspray (draußen!) besprüht.

Zum Aufbewahren der Kreiden eignen sich verschließbare Behälter, da diese die Kreiden feucht halten (nicht zu lange aufbewahren, da die Kreiden sonst anfangen zu schimmeln). Stehen keine Behälter zur Verfügung, können die Kreiden vor der nächsten Benutzung noch einmal kurz in Zuckerwasser eingelegt oder einfach nur ein wenig angefeuchtet werden.

Als Papier zum Bemalen eignet sich ganz normales Tonpapier oder, wenn man den Hintergrund ebenfalls farblich gestalten möchte, Zeichenblockpapier. Viertelt man die Blätter eines Zeichenblocks (DIN A4), erhält man ungefähr das DIN-A6-Maß.

Das kleine Format eignet sich sehr gut, da so den Kindern die Möglichkeit gegeben wird, in kurzer Zeit viele verschiedene Motive zu gestalten.

Um eine möglichst gute Wirkung der Motive zu erzielen, kann bei der Farbwahl die Benutzung von Komplementärfarben (Motiv/Hintergrund) vorgegeben werden.

Station 2: Pyramide – großformatige Gemeinschaftsarbeit
- Zeitungspapier als Unterlage
- Pappe, Größe DIN A6 (z. B. Zeichenblockrückseiten)
- Bleistifte
- Scheren
- weiße Zuckerkreide
- schwarzes Tonpapier (6 Bögen à 50 x 70 cm)
- durchsichtiges Klebeband
- Radiergummi
- Fixierspray (Haarspray)

Bei der hier zu gestaltenden „Pyramide" handelt es sich um ein Gemeinschaftswerk. Ihre Aufgabe als Lehrkraft besteht im Vorbereiten des Malgrundes. Eine Fläche, die aus 3 x 2 Tonpapierblättern (in der Größe 50 x 70 cm) zusammengesetzt ist, bietet genug Raum zum Arbeiten. Die Blätter können von hinten mit durchsichtigem Klebeband aneinandergeklebt werden. Mit Bleistift soll ein möglichst raumfüllendes gleichschenkliges Dreieck auf die schwarze Fläche gezeichnet werden.

Zum Erstellen der Schablonen eignen sich die Rückseiten von Zeichenblöcken (im Laufe eines Schuljahres sammeln). Die Pappe sollte jedoch nicht zu dick sein, da sonst das Ausschneiden erschwert wird.

Die Figuren der Kinder sollten möglichst einfach gestaltet sein und keine kleinen Details beinhalten, da diese mit der Kreide nur sehr schwer oder gar nicht nachzuzeichnen sind.

Beim Zeichnen der Figuren in die „Pyramide" empfiehlt es sich als Lehrkraft, selbst dabei zu sein oder ein Elternteil hinzuzunehmen, damit möglichst wenig Abstand zwischen den Figuren bleibt. Ebenfalls ist es hilfreich, bereits verwendete Figuren zu sammeln und an passenden Stellen erneut einzubauen. Von jedem Kind sollte am Ende selbstverständlich mindestens eine Figur in der Pyramide auftauchen. Wurde eventuell nicht ganz sauber gearbeitet, lassen sich kleinere Unschönheiten vorsichtig mit einem Radiergummi beseitigen.

Um ein Verschmieren der Figuren zu verhindern, kann man das ganze Bild am Ende mit Fixierspray (draußen!) besprühen. Zur besseren Haltbarkeit kann man das Gesamtkunstwerk auf eine dünne Pressspanplatte oder auf Styropor aufziehen. Das entstandene Werk eignet sich durch seine Größe auch hervorragend zur Dekoration des Treppenhauses oder der Aula der Schule.

Station 3: Keith-Haring-Button (Abb. 13)
- Tonpapier in unterschiedlichen Farben
- Zirkel und/oder Kreisschablonen
- Buntstifte oder Filzstifte
- Scheren
- Laminierfolien
- Broschennadeln
- Heißklebepistole oder, falls vorhanden, Buttonmaschine

Wenn die Kinder im Mathematikunterricht die Handhabung des Zirkels noch nicht durchgenommen haben, empfiehlt sich die Verwendung von Kreisschablonen (Größe entsprechend der Buttonmaschine, ansonsten je nach Belieben).

Ist keine Buttonmaschine vorhanden, einfach die gemalten Bilder laminieren und eine Broschennadel ankleben. Das Laminieren sowie das Ankleben der Broschennadeln mit der Heißklebepistole sollte die Lehrkraft übernehmen.

Im Fachhandel gibt es bereits fertige Buttons, bei denen das Bild beliebig austauschbar ist (Quick-Pic-Button, 50 mm Durchmesser, ab 30 Stück 0,72 €, www.button.de).

Station 4: Der Künstler Keith Haring
- das Arbeitsblatt in ausreichender Anzahl kopieren
- Bleistifte

Station 5: Sammelmappe (Abb. 14)
- weißes Papier, beliebige Größe
- Tonpapier in unterschiedlichen Farben, Größe DIN A4 oder größer
- Scheren
- eine einfarbige Sammelmappe (DIN A3 oder DIN A4)
- Klebstoff
- Bleistifte
- eventuell selbstklebende Klarsichtfolie

Die Sammelmappen sollen die Kinder selbst von zu Hause mitbringen. Sammelmappen in DIN A3 eignen sich gut für den Kunstunterricht, Sammelmappen in DIN A4 zum Sammeln von Arbeitsblättern oder als Postmappe, gerade auch in den weiterführenden Schulen.

Eine Farbvorgabe halten wir bei dieser Arbeit nicht für angebracht, da die Mappen den Kindern gefallen sollen.

Die selbstklebende Klarsichtfolie ist nicht unbedingt notwendig, macht die Mappen aber haltbarer. Zu bedenken ist jedoch die nicht ganz einfache Handhabung von Klarsichtfolien – es entstehen beim Aufziehen häufig Blasen.

Station 6: Bilderrahmen (Abb. 15)
- Zeitungspapier als Unterlage
- Bilderrahmen (für Bilder der Größe 10 x 15 cm aus naturbelassenem Holz → IKEA 3 Stück [RAM] ca. 1,70 €)
- Schulmalfarben
- Pinsel

- Wasserbecher
- weißes Papier, beliebige Größe
- Bleistifte
- schwarze wasserfeste Filzstifte F oder M

Bei der Wahl der Schulmalfarben ist darauf zu achten, dass die Farben nicht zu dunkel sind, da sonst die mit schwarzem Filzstift auf den Rahmen gezeichneten Figuren nur schlecht zur Geltung kommen.

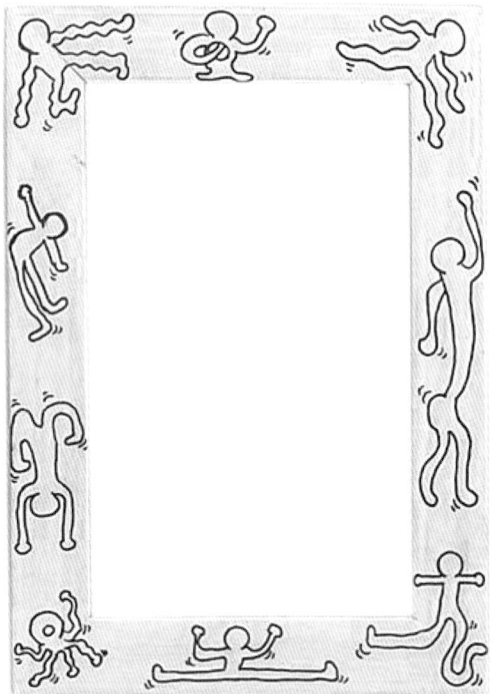

Station 1 — Malen mit Zuckerkreide

So wird's gemacht:

① Nimm dir ein weißes Blatt Papier und einen Bleistift. Schreibe deinen Namen auf die Rückseite des Blattes.

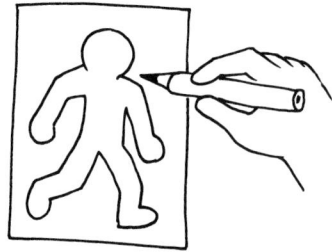

② Entwirf selbst eine Figur ähnlich den Figuren von Keith Haring. Zeichne sie möglichst groß mit Bleistift auf dein Blatt Papier.

③ Suche dir zwei Farben aus der Zuckerkreide aus (eine für deine Figur und eine für den Hintergrund).

④ Male deine Figur in einer Farbe und den Hintergrund in einer anderen Farbe an.

⑤ Wenn dein Bild fertig ist, lege es zum Trocknen.

Station 2 | Pyramide – großformatige Gemeinschaftsarbeit

So wird's gemacht:

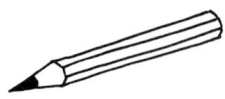 ① Nimm dir ein Stück Pappe und einen Bleistift.

 ② Zeichne eine Figur nach Keith Haring auf die Pappe. Schneide sie sorgfältig aus. Das ist jetzt deine Schablone.

 ③ Nimm dir ein Stück weiße Zuckerkreide. Gehe zu der Pyramide.

 ④ Suche dir eine passende Stelle für deine Figur. Zeichne sie mit deiner Schablone und der Kreide ordentlich auf.

 ⑤ Gib deine Schablone bei deiner Lehrerin ab.

Station 3 — Keith-Haring-Button

So wird's gemacht:

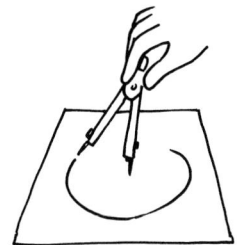

(1) Suche dir eine Tonpapierfarbe aus und nimm dir einen Zirkel.

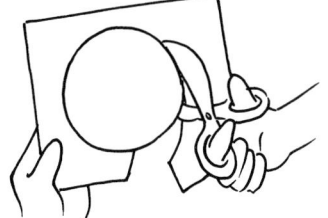

(2) Zeichne einen Kreis auf dein Blatt. Schneide ihn aus.

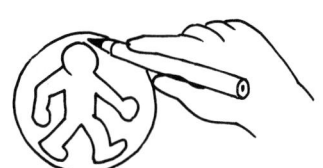

(3) Male mit einer Farbe deiner Wahl eine Figur auf deinen Button. Umrande deine Figur mit einem schwarzen Filzstift.

(4) Wenn dein Button fertig ist, gib ihn deiner Lehrerin oder deinem Lehrer zum Laminieren.

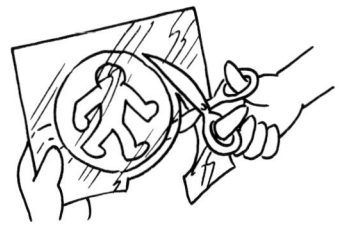

(5) Schneide zum Schluss den laminierten Button möglichst genau aus.

(6) Lass dir von deiner Lehrerin oder deinem Lehrer mit der Heißklebepistole eine Broschennadel ankleben.

Station 4 — Der Künstler Keith Haring

Der Künstler Keith Haring wurde am 4. Mai 1958 in Pennsylvania (USA) geboren.
Schon als kleiner Junge malte er mit seinem Vater gerne Comics.
Mit 20 Jahren zog er nach New York und studierte dort an der *School of Visual Art* Kunst. In dieser Zeit begann er, auf die großen schwarzen Werbeflächen in der U-Bahn zu malen. Er musste dabei immer sehr schnell arbeiten, um sich nicht von der Polizei erwischen zu lassen. Von seinen vielen Männchen und Figuren, die er malte, wurde das Baby mit dem Strahlenkranz (*Radiant Baby*) zu seinem Symbol.
Nach und nach wurde Keith Haring berühmt und reiste um die ganze Welt, um überall auf Wände zu malen.
1982 hatte er seine erste Einzelausstellung (nur er alleine stellte aus) und nahm an der Documenta 7 in Kassel teil.
Keith Haring wurde nur 32 Jahre alt und starb 1990 in New York an Aids.

Lies den Text und beantworte die folgenden Fragen:

1. Wann und wo wurde Keith Haring geboren?

_____

2. Was machte er mit 20 Jahren?

_____

3. Wobei durfte er sich nicht von der Polizei erwischen lassen?

_____

4. Wann und warum war Keith Haring in Deutschland?

_____

5. Wann und wo starb Keith Haring?

_____

Station 5   Sammelmappe im Keith-Haring-Look

So wird's gemacht:

① Entwirf auf einem weißen Blatt Papier eine Keith-Haring-Figur.

② Überlege dir nun, welche Farbe dein Hintergrund und welche deine Figur haben soll. Nimm dir diese Farben an Tonpapier.

③ Deine Lehrerin oder dein Lehrer schneidet dir das Hintergrundblatt. Zeichne deine Figur auf die von dir gewählte Tonpapierfarbe und schneide sie aus.

④ Klebe den Hintergrund und die Figur ordentlich auf deine Mappe.

→ Denke an die Bewegungslinien.
Schön sieht es aus, wenn du sie mit Buntstift in der Farbe deiner Figur malst.

Station 6 — Bilderrahmen mit Keith-Haring-Motiven

So wird's gemacht:

① Nimm dir einen Bilderrahmen und einen Pinsel. Male den Bilderrahmen mit einer Farbe an.

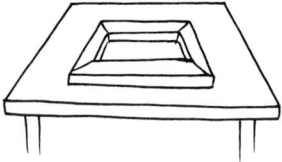

② Lasse den Rahmen trocknen.

③ Nimm dir ein Blatt Papier und einen Bleistift. Zeichne möglichst viele verschiedene Keith-Haring-Figuren auf.

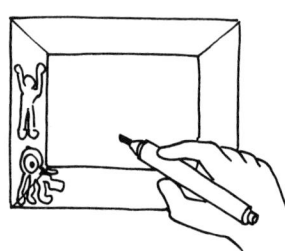

④ Ist der Bilderrahmen trocken, nimm dir einen schwarzen Filzstift und zeichne deine Keith-Haring-Figuren ordentlich auf den Rahmen.

Rund ums Mittelalter

Lehrerinformation

Das Thema Mittelalter ist ein Klassiker im vierten Schuljahr. Mit ein paar schönen künstlerischen Aktivitäten kann man fächerübergreifend zu den Inhalten des Sach- beziehungsweise Deutschunterrichts arbeiten. Für die Schüler wird das Mittelalter so lebendiger.

Materialaufstellung

Station 1: Ritterburg – Bild mit beweglichen Teilen (Abb. 16)
- weiße Pappen, Größe DIN A4
- schmale weiße Pappstreifen (pro Kind werden 2 benötigt), ca. 3 x 25 cm
- schwarze Fineliner
- farbiges Tonpapier, Größe 50 x 70 cm (pro Kind ein Viertel)
- Papiermesser oder Teppichmesser
- Pappunterlage zum Schneiden der Schlitze
- Klebestifte

Das Thema bietet sich an, wenn das Mittelalter im Unterricht behandelt wird und den Kindern der Aufbau von Burgen sowie das äußere Erscheinungsbild von Rittern und Burgfräulein geläufig sind. Es sollten (Sach-)Bücher mit Zeichnungen und Abbildungen zum Thema vorhanden sein.
Beim Ausschneiden der Figuren und der Pappstreifen und dem Aufkleben auf ein Tonpapier sollte die Lehrkraft helfen. Zum Einfügen/Schneiden des Schlitzes eignet sich ein Teppichmesser. Auf einer Pappunterlage lässt sich der Schlitz problemlos schneiden.
Durch die beweglichen Figuren bekommt das Kunstwerk einen spielerischen Charakter.

Station 2: Wappen aus Prägefolie (Abb. 17)
- weißes Papier, Größe DIN A5
- Bleistifte
- Alu-Prägefolie in Silber und Gold, Größe DIN A5 (ALS-Verlag, ca. 12 € für 30 Blatt in DIN A4)
- Prägewerkzeuge (z. B. Kugelschreiber, Bleistifte, stumpfe Nadeln, Kaffeelöffel)
- weiche Unterlagen (z. B. Stoff)
- eventuell Klebeband zum Fixieren
- alte Scheren
- farbiger Tonkarton, Größe DIN A5
- Flüssigklebstoff

Das Prägen eines Wappens ist eine einfach durchzuführende Arbeit. Man kann die Umrisse des Wappens und die grobe Einteilung auf der Rückseite der Folie mit einem dünnen Permanentmarker vornehmen. Es ist ratsam, die Kinder vor der eigentlichen Prägearbeit auf einem kleinen Metallfolienstück freie Vorübungen machen zu lassen. Hier können die Prägewerkzeuge sowie mögliche Muster ausprobiert werden. Als Prägewerkzeuge reichen die oben angegebenen Alltagsgegenstände völlig aus.

Tipp:
Beim Schneiden der Metallfolie sollte auf die Verwendung einiger alter Scheren geachtet werden, damit hochwertige Scheren nicht unnötig abstumpfen.

Mit dieser Technik können auch andere einfache Motive (z. B. Fische, Blumen, Vögel) geprägt werden. Ein kleines geprägtes Bild auf einer schönen Tonkartonkarte kann als Muttertagsgeschenk verwendet werden. Zu Weihnachten können Sterne als Baumschmuck geprägt werden ... Die Einsatzmöglichkeiten sind sehr vielfältig.

Station 3: Schreiben wie im Mittelalter (Abb. 18)
- Malkittel
- Gänsekiele (gesäubert und angeschnitten)
- Tusche
- braunes Packpapier, in Größe DIN A4 zugeschnitten

Gänsekiele kann man bei Bauern mit Martinsganszucht bekommen. Die Gänsefedern, die die Gänse im Frühjahr von selbst verlieren, eignen sich besonders gut. Auch kann man sich ein paar Flügel der Martinsgänse geben lassen und die Federn herauslösen. Das Vorbereiten der Gänsekiele ist ein wenig mühsam. Jedoch kann man die Federn über viele Jahre in zahlreichen Klassen einsetzen. Das Anspitzen der Federn mit einem scharfen Teppichmesser sollte die Lehrkraft übernehmen. Je nach Biegung der Feder ist diese für Links- oder Rechtshänder geeignet. Weitere Informationen finden sich unter: www.kalligraphie.com/werkbuch/wb45.htm .

Möchte man sich die Arbeit der Herstellung von Gänsekielen nicht machen, können auch im Handel erhältliche Stahlfedern zum Schreiben eines Briefes eingesetzt werden.

Während des Schreibens eines Briefes in mittelalterlicher Manier machen die Kinder Erfahrungen mit dem Schreibwerkzeug und bereiten sich so auf eine schwierigere Tuschezeichnung vor. Das Schreiben eines solchen Briefes ist eine sehr beliebte Aufgabe.

Da die Tusche stark färbt, muss unbedingt auf das Tragen eines Malkittels hingewiesen werden.

Tipp: Einfache Tusche kann man mit Kohlestaub, Talkumpuder und Wasser selbst herstellen. Sie ist ungiftig. Vom Farbauftrag her ist die selbst gemachte Tusche eher körnig. Zum Schreiben sollte hier allerdings eine Rohrfeder (aus Bambus) oder eine Gänsefeder verwendet werden. Feinere Stahlfedern eignen sich nicht so gut.

Zu empfehlende Literatur:
Schrift – Von den ersten Bilderschriften bis zum Buchdruck, Gerstenberg-Verlag, Hildesheim 2000

Station 4: Fantasietier – Tuschezeichnung (Abb. 19)
- Rhinozeros, Holzschnitt von Albrecht Dürer, auf Größe DIN A3 kopieren und in Puzzleteile zerschneiden (1–2 Blätter reichen pro Klasse)
- Zeichenpapier, Größe DIN A3
- Klebestifte
- Scheren
- Zeichentusche
- Stahlfedern
- farbiger Tonkarton, Größe DIN A3

Zu Beginn der Arbeit suchen sich die Kinder ein Puzzleteil aus und zeichnen ein Fantasietier. Erst nach Beendigung der kreativen Arbeit sollten sie mit dem Originalwerk von Albrecht Dürer konfrontiert werden.

Der Umgang mit Feder und Tusche sollte vorher geübt werden. Dazu bietet sich die Station 3 „Schreiben wie im Mittelalter" an.

Die fertigen ausgeschnittenen Werke der Kinder können einzeln auf schönes Tonpapier geklebt werden. Auch eine Collage mit allen Tieren der Klasse ist sehr wirkungsvoll.

Station 5: Der Künstler Albrecht Dürer
- die Arbeitsblätter in entsprechender Anzahl kopieren

Die Informationen über Albrecht Dürer sind sehr ausführlich. Da dieses Thema eher mit älteren Schülern aus dem vierten Schuljahr bearbeitet wird, erscheint hier die Konfrontation mit einem umfangreichen Sachtext als angemessen.

Station 6: Don Blech, der Dosenritter (Abb. 20)
- leere, saubere Blechdosen (pro Kind werden eine große und eine kleine Dose benötigt)
- Draht
- Zangen
- Hammer
- Kronkorken (ca. 40) oder Flaschendeckel (ca. 30)
- Dorn zum Öffnen von Dosen
- eventuell Metalllocken aus einem Industriebetrieb
- farbige Pappe
- Schere
- Klebstoff

Die Herstellung eines Dosenritters ist zeitaufwendig, aber sehr motivierend. Die Kinder können hier den Umgang mit einfachen Werkmaterialien kennenlernen. Darüber hinaus kostet diese Werkarbeit fast gar nichts! Wenn man die Drahtreste vom Elektriker bekommt, sind auch diese umsonst.
Mit den Metalllocken können die Ritter später noch eine Haarpracht erhalten. Schnell arbeitende Schüler können für ihren Ritter noch ein Ross bauen. Als Wappen für den Dosenritter kann auch das in Station 2 geprägte Wappen verwendet werden.
Bei der Arbeit mit dem scharfkantigen Metall muss auf die Verletzungsgefahr hingewiesen werden. Für kleine Schnittwunden gleich Pflaster bereitlegen. Es gibt Dosenöffner, die beim Öffnen keine scharfen Kanten hinterlassen.
Dies ist eine Station, die sich wunderbar für die Arbeit im Freien eignet. Die Löcher lassen sich besonders leicht mit einer Wiese als „Untergrund" mithilfe eines Dorns in die Dosen und Flaschendeckel drücken.

Station 7: Exlibris selbst gestalten
- die Arbeitsblätter in entsprechender Anzahl kopieren

Station 8: Exlibris als Linoldruck (Abb. 21, 22)
- das Arbeitsblatt in entsprechender Anzahl kopieren
- Zeitungspapier als Unterlage
- Malkittel
- Linolplatten, Größe DIN A6
- Linolschnittwerkzeuge
- weiße Buntstifte
- Linoldruckfarben
- Bleche
- Gummiwalzen (zum Aufbringen der Linoldruckfarbe)
- Papier zum Bedrucken, DIN A5 oder kleiner (Ränder ggf. nach dem Drucken abschneiden)
- weiche Bürste zum Feststreichen des Papiers auf der Druckplatte
- mitgebrachte Bücher der Kinder

Bei dieser Station ist besonders darauf hinzuweisen, dass ein einmal gemachter Schnitt nicht mehr rückgängig gemacht werden kann. Auch auf den vorsichtigen Umgang mit den Schneidewerkzeugen muss geachtet werden. Legen Sie gleich Heftpflaster für kleine Schnittwunden bereit.
Für die Kinder ist es einfacher, ihren Namen und das Wort *Exlibris* in ein Feld hineinzuschneiden. Es ist sehr schwer, nur die Buchstaben stehen zu lassen (siehe Abb. 22 im Anhang, S. 80). Wichtig ist, die Kinder auf das Schneiden der Buchstaben in Spiegelschrift hinzuweisen!
Die Linoldruckfarbe lässt sich nicht aus der Kleidung entfernen. Denken Sie an Malkittel und an die Reinigung der Werkzeuge direkt nach dem Drucken.
Franz Grickschat ist ein Künstler, der viele Exlibris gestaltet hat, die auch im Internet anzuschauen sind. Hier finden sich viele einfache Motive, die auch von Grundschulkindern umgesetzt werden können. Diese können die Kinder auch zum eigenen künstlerischen Schaffen motivieren.

Internetlinks:
www.exlibris-deg.de (Deutsche Exlibris-Gesellschaft)
www.grickschat.de
www.wikipedia.org ($\to$ Exlibris)

Station 1: Ritterburg – Bild mit beweglichen Teilen

So wird's gemacht:

① Du brauchst einen schwarzen Fineliner, eine weiße Pappe, zwei schmale Streifen aus Pappe und eine Schere.

② Überlege dir, wie deine Burg aussehen könnte.
Dein Bild soll außerdem zwei bewegliche Teile erhalten.
→ Soll vor deiner Burg ein Ritter reiten oder winkt von oben ein schönes Burgfräulein herab?

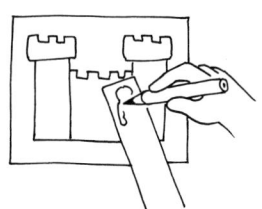

③ Zeichne die Umrisse deiner Burg auf die weiße Pappe und eine Figur auf jeden Pappstreifen.
→ Nimm dazu die Pappstreifen hochkant und zeichne die Figur auf das obere Ende des Pappstreifens.

④ Fülle die Umrisse der Burg mit vielen kleinen Feinheiten aus.
→ Zeichne Mauersteine auf die Wände.
→ Denke an die Zinnen der Burgmauern und an die Schießscharten in den Wänden.
→ Vergiss nicht das Burgtor aus Holz. Es hat eine ganz typische Maserung.
→ Hat deine Burg einen Wassergraben?
→ Befindet sich deine Burg auf einem Berg?
→ Verziere die Landschaft mit Büschen und Bäumen.

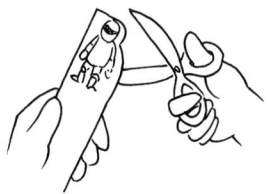

⑤ Schneide deine Figuren auf den Pappstreifen so aus, dass fast kein weißer Rand mehr um sie herum stehen bleibt. Die Pappstreifen lässt du so lang wie möglich.

⑥ Schneide mithilfe deiner Lehrerin oder deines Lehrers die Schlitze für den beweglichen Ritter oder das Burgfräulein mit einem Papiermesser in das Bild.
Stecke die beweglichen Teile in die Schlitze.

⑦ Klebe das fertige Bild auf ein schönes buntes Tonpapier.

Station 2 — Wappen aus Prägefolie

So wird's gemacht:

(1) Du brauchst ein weißes Blatt Papier und einen Bleistift, Metallfolie, eine Teppichfliese und ein Prägewerkzeug.

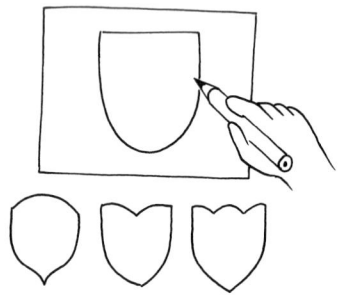

(2) Entwirf auf deinem Blatt mit Bleistift eine Skizze eines Familienwappens.
→ Hat deine ritterliche Familie ein Wappentier, ein Gebäude oder eine Pflanze im Wappen?

(3) Lege ein Stück Stoff unter die Metallfolie.
Überlege dir, ob dein Wappen silbern oder golden sein soll.

(4) Zeichne die Umrisse deines Wappens mit einem Prägewerkzeug auf die Rückseite der Folie.

(5) Übertrage die Bildeinteilung von deiner Vorzeichnung auf die Folie.

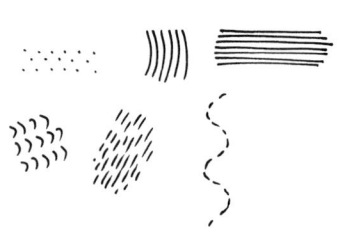

(6) Gestalte das Wappen mit kleinen Mustern aus.

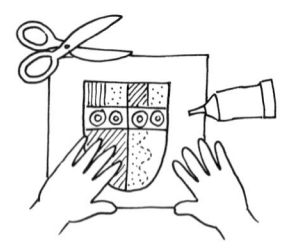

(7) Schneide dein fertiges Wappen vorsichtig mit einer Schere aus. Klebe es auf einen schönen Tonkarton.

Station 3: Schreiben wie im Mittelalter – mit Feder und Tusche

Im Mittelalter schrieben die Menschen mit Gänsekielen und Tusche. Gänsekiele sind die Federn aus den Flügeln der Gänse. Die Gänsekiele mussten gesäubert und angeschnitten werden. Sie mussten zum Schreiben immer wieder in die Tusche getaucht werden. Es war nicht einfach, ordentlich und ohne Kleckse zu schreiben.

So wird's gemacht:

① Du brauchst einen vorbereiteten Gänsekiel, Tusche und braunes Packpapier.

② Ziehe deinen Malkittel an.

③ Schreibe einen Brief mit dem mittelalterlichen Schreibwerkzeug. Du kannst z. B. deinem Freund, deiner Freundin, deiner Mutter oder deinem Vater schreiben.

Station 4 — Fantasietier – Tuschezeichnung

So wird's gemacht:

① Du brauchst ein großes Blatt Papier, Tusche, eine Zeichenfeder und einen Klebestift.

② Das Werk eines mittelalterlichen Künstlers ist in Puzzleteile zerschnitten. Suche dir ein Teil aus.
→ Wie könnte das Tier ausgesehen haben?

③ Klebe dein Puzzleteil auf das Blatt.

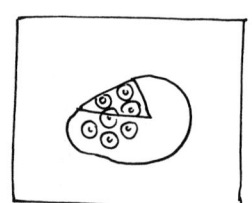

④ Sieh dir die Muster und Strukturen auf dem Bildausschnitt genau an. Verwende bei deiner Gestaltung ähnliche Muster wie auf deinem Bildausschnitt zu sehen sind.

⑤ Zeichne mit Feder und Tusche dein Fantasietier.

⑥ Lege dein Bild zum Trocknen.

⑦ Schneide das getrocknete Tier aus. Klebe es auf einen schönen Tonkarton.

Station 4 — Fantasietier – Tuschezeichnung Vorlage

Station 5 — Der Künstler Albrecht Dürer — Infoblatt 1

Der Künstler Albrecht Dürer hat vor über 500 Jahren ein Rhinozeros gezeichnet. Da er selbst noch nie ein Rhinozeros gesehen hatte, musste er den Bericht eines weit gereisten Kaufmannes als Grundlage nehmen. Dürer zeichnete sein Rhinozeros aus der Vorstellung. Das Nashorn war als Geschenk eines indischen Sultans im Jahre 1515 nach Lissabon gebracht worden. Es wurde vom portugiesischen König als Attraktion zur Schau gestellt. Später wurde es dem Papst als Geschenk dargebracht.

Der Körper von Dürers Nashorn wirkt wie eine Rüstung. Die Menschen waren bis ins 18. Jahrhundert davon überzeugt, dass es sich um eine naturgetreue Darstellung handelte. Nicht zuletzt wegen Dürers künstlerischer Darstellung erhielt das asiatische *Rhinoceros unicornis* im Deutschen den Namen Panzernashorn.

Das bekannte Bild ist eigentlich ein Holzschnitt. Zunächst zeichnete der Künstler mit Feder und Tusche eine Vorlage. Diese Vorlage wurde schließlich auf Holz übertragen und so in die Holzplatte eingeschnitzt, dass die Linien des Bildes erhöht stehen blieben. Mit Druckerfarbe wurden die Linien gefärbt und auf Papier abgezogen. Durch diese Drucktechnik konnte Dürers „Rhinozeros" dann viele Male gedruckt und auch verkauft werden.

Albrecht Dürer wurde 1471 in Nürnberg als Sohn eines Goldschmieds geboren. Er ging zunächst bei seinem Vater in die Lehre, lernte aber später in seinen Lehr- und Wanderjahren bei verschiedenen Künstlern. Er heiratete seine Frau Agnes 1494, bekam mit ihr aber keine Kinder. Da auch seine Brüder kinderlos blieben, starb die Familie Dürer damit aus.

Albrecht Dürer machte sich 1503 selbstständig. Er betrieb eine Werkstatt für Kupferstiche und Holzschnitte. Für die Kunstwerke lieferte er die Zeichnungen, die anschließend von seinen Mitarbeitern in Holz geschnitten oder in Kupfer gestochen und anschließend gedruckt wurden.

Dürer war sehr bekannt und arbeitete sogar mehrmals im Auftrag des Kaisers Maximilian.

Wie alle Künstler unternahm er immer wieder Reisen, um sich weiterzubilden. Er starb 1528 an den Folgen einer Malaria-Erkrankung nach einer Reise in die Niederlande.

Station 5 | **Der Künstler Albrecht Dürer**
Infoblatt 2

Hier siehst du das bekannte Rhinozeros von Dürer.
Der Holzschnitt trägt sinngemäß die folgende Inschrift:

Dem König Emanuel von Portugal wurde ein lebendiges Tier, das Rhinozeros genannt wird, aus Indien gebracht. Es hat die Farbe wie eine gesprenkelte Schildkröte und ist mit dicken Schalen überdeckt. Es ist größer als ein Elefant, mit niedrigeren Beinen und einem wehrhaften Horn auf der Nase. Das Nashorn ist des Elefanten Todfeind. Mit seinem spitzen Horn könnte es ihm den Kopf zwischen die Beine rammen und den Bauch aufreißen. Der Elefant kann ihm nichts tun, da es so gut gewappnet ist. Man sagt auch, dass das Nashorn wild und lustig sei.

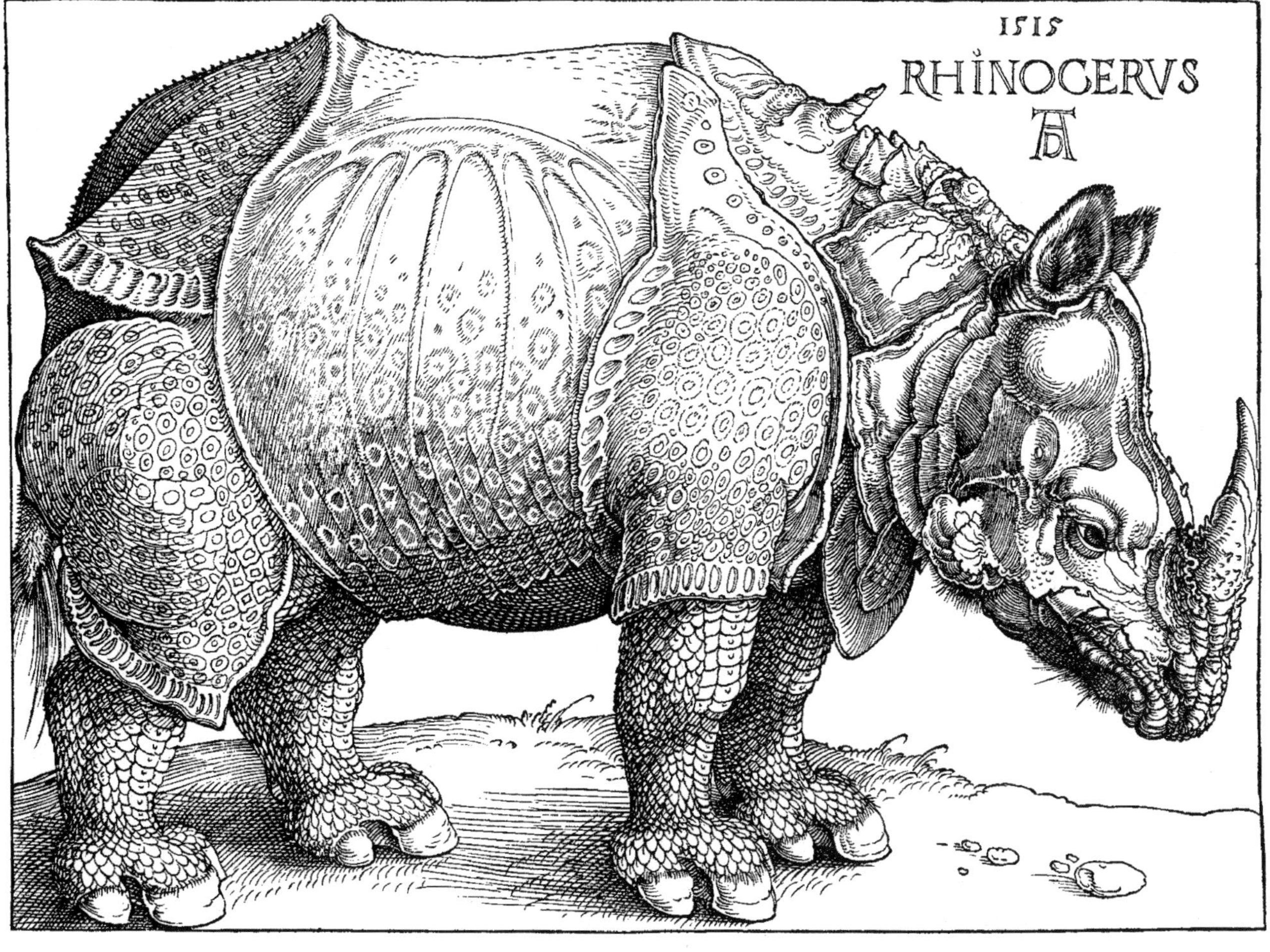

Quelle: www.Wikipedia.de

Station 5 | **Der Künstler Albrecht Dürer — Teste dein Wissen!**

Lies dir die beiden Informationsblätter durch und beantworte folgende Fragen:

1. Wann und wo wurde Albrecht Dürer geboren?

2. Welchen Beruf lernte er bei seinem Vater?

3. Wie und wo erweiterte Albrecht Dürer seine künstlerischen Fähigkeiten?

4. Was machte Dürer im Jahre 1503?

5. Mit welcher Technik arbeiteten seine Angestellten?

6. Wann entstand der berühmte Holzschnitt „Rhinozeros"?

7. Wie konnte Dürer, der noch nie selbst ein Rhinozeros gesehen hatte, dieses zeichnen?

8. Wer besaß zu dieser Zeit in Europa ein Rhinozeros?

9. Welche Vorstellung hatten die Menschen von dem Tier?

10. Warum trägt das asiatische *Rhinoceros unicornis* den Namen Panzernashorn?

11. In welchem Jahr starb Dürer und woran starb er?

Station 6 — Don Blech, der Dosenritter

So wird's gemacht:

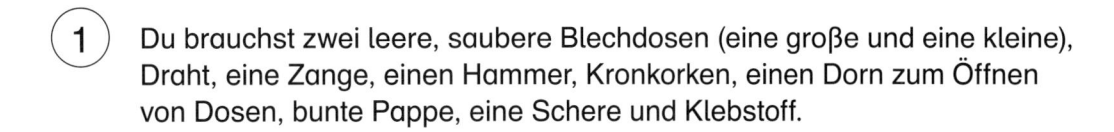

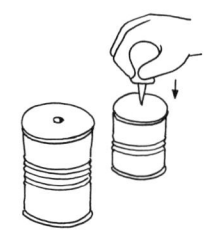

1. Du brauchst zwei leere, saubere Blechdosen (eine große und eine kleine), Draht, eine Zange, einen Hammer, Kronkorken, einen Dorn zum Öffnen von Dosen, bunte Pappe, eine Schere und Klebstoff.

2. Drücke in die beiden Blechdosen mit dem Dorn jeweils ein Loch in die Mitte des Dosenbodens.
   → **Achtung:** Die Dosen müssen mit der Öffnung nach unten auf deiner Arbeitsfläche stehen!

3. Verbinde die beiden Dosen mit Draht. Die kleine Dose wird der Kopf und die große Dose der Körper deines Ritters.

4. Drücke nun mit dem Dorn seitlich vier Löcher in deine große Dose. Dort setzen die Arme und Beine deines Ritters an.

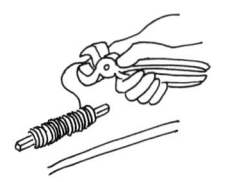

5. Schneide mit der Zange vier etwa gleich lange Drähte für die Arme und Beine deines Ritters zu.

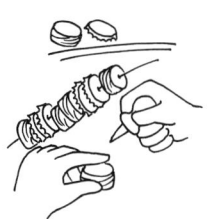

6. Treibe mit dem Dorn Löcher in die Kronkorken und fädele die Kronkorken auf deine vier zugeschnittenen Drähte auf.

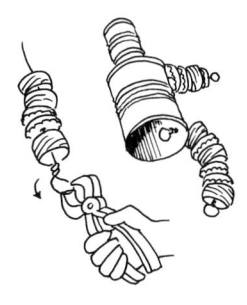

7. Drehe am Ende des Drahtes mit der Zange eine Schlinge, damit die Korken nicht herunterrutschen. Das andere Ende des Drahtes schiebst du in ein Loch des Dosenkörpers. Verdrehe die Enden der Drähte von Armen und Beinen im Bauch deines Ritters.

8. Bastle deinem Ritter ein Gesicht aus Blech und befestige es mit Draht. Nun kannst du aus bunter Pappe ein Schild mit seinem Wappen darauf basteln.

Station 7 — Exlibris selbst gestalten — Infoblatt

Exlibris sind Bücherzeichen, mit denen die Besitzer von Büchern ihr Eigentum kennzeichnen. Im Mittelalter, als Bücher noch etwas besonders Wertvolles waren, schrieb man handschriftliche Besitzvermerke in seine Bücher. Mit der Erfindung des Buchdruckes um 1440 wurden Bücher erschwinglicher. Ihre Besitzer klebten Exlibris zur Kennzeichnung in die Bücher. Diese Exlibris waren kleine gedruckte, schön gestaltete Kunstwerke. Sie wurden manchmal von bekannten Künstlern wie Albrecht Dürer oder Hans Holbein, dem Jüngeren, gestaltet.

Auf den Exlibris wurden Wappen, Ornamente oder andere bildhafte Darstellungen abgebildet. Auch biblische Motive waren eine Zeit lang beliebt. Mit seinem Exlibris wollte jeder Buchbesitzer etwas ganz Persönliches ausdrücken. Hatte der Bücherfreund zum Beispiel eine Vorliebe für Pflanzen, bestimmte Tiere oder die Musik, so kam dies auch in seinem Exlibris zum Ausdruck. Die möglichen Motive, Themen und Symbole sind daher vielfältig.

Aus der ursprünglichen Funktion der Kennzeichnung des Eigentums entwickelte sich das Exlibris als eigene Kunstform, für die es auch Sammler gibt. Um 1900 gab es kaum einen bekannten Künstler, der keine Exlibris gestaltete.

Hier siehst du einige Werke des Künstlers Franz Grickschat, der für andere Menschen viele Exlibris gestaltet hat. Dabei arbeitete er oft mit der Technik des Linolschnitts. Grickschat lebte von 1912 bis 2003.

Station 7 — Exlibris selbst gestalten

So wird's gemacht:

1. Du brauchst dieses Arbeitsblatt, das Infoblatt, einen Bleistift und eine gute Idee.

2. Lies dir zunächst das Infoblatt durch.

3. Welches Motiv soll auf deinem Exlibris abgebildet sein? Sieh dir die Exlibris von Franz Grickschat an.
   → Hast du ein Lieblingstier oder ein besonderes Hobby?

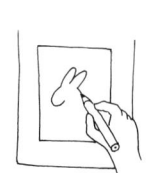

4. Zeichne dein Exlibris ordentlich vor. Verwende dazu den Rahmen unten auf der Seite.
   → Vermeide zu viele kleine Muster. Ein einfaches Motiv ist leichter darzustellen.
   → **Achtung:** Denke daran, dass du bei der Vorzeichnung zu einem Druck alle Texte in Spiegelschrift schreiben musst!
   → **Tipp:** Nimm einfach einen Spiegel als Hilfe.

5. Vergiss nicht deinen Namen hinzuschreiben.

6. Nimm dir das Arbeitsblatt von Station 8 und stelle dein Exlibris als Linolschnitt her.

Station 8: Exlibris als Linoldruck

So wird's gemacht:

1. Tag:

① Du brauchst deine Zeichnung von Station 7, eine Linolplatte, einen weißen Buntstift, Linolschnittwerkzeuge und eine alte Zeitung als Unterlage.

② Übertrage deine Vorzeichnung mit dem weißen Stift auf die Linolplatte.

③ Schneide mit dem Hohleisen die Randlinien nach.
→ Alle Linien, die du ausschneidest, erscheinen hinterher beim Drucken weiß. Denke daran, in Spiegelschrift zu schreiben.
→ **Achtung:** Arbeite vorsichtig mit den Schnittwerkzeugen, damit du dich und andere nicht verletzt!
Schneide immer vom Körper weg! Halte mit einer Hand die Platte fest.
Schneide auch von der Hand weg!
Drehe die Linolplatte beim Arbeiten.

→ **Tipp:** Für größere Flächen eignet sich das breitere Eisen.

2. Tag:

① Du brauchst deine Linolplatte, Linolfarbe, eine kleine Walze und eine weiche Bürste, ein Blech, weißes Papier, einen Malkittel und eine alte Zeitung als Unterlage.

② Wähle eine Farbe zum Drucken aus.

③ Gib einen Klecks der Farbe auf ein Blech. Rolle die kleine Walze über die Farbe. Sie muss überall dünn mit Farbe bedeckt sein.

④ Rolle die Farbe auf deine Linolplatte.

⑤ Lege ein Blatt auf die Linolplatte. Nun streiche mit der Bürste fest und gleichmäßig über das Blatt.

⑥ Ziehe das Blatt vorsichtig ab und lege es zum Trocknen.
→ Reinige die Werkzeuge gründlich!

⑦ Das getrocknete Exlibris kannst du nun in dein Lieblingsbuch einkleben.

Weltall und Planeten

Lehrerinformation

Das Thema Weltall ist in den Klassen 3 und 4 ein von den Kindern sehr beliebtes Sachunterrichtsthema. Es bietet sich daher an, dieses fächerübergreifend auch im Kunstunterricht zu behandeln.

Materialaufstellung

Station 1: Planetenmodell Saturn (Abb. 23)
- Zeitungspapier als Unterlage
- Pappen, Größe DIN A4 oder größer (Zeichenblockrückseiten)
- Zirkel und/oder Kreisschablonen
- Lineale
- Scheren
- Styroporkugeln, 10 cm Durchmesser (pro Stück ca. 1 €)
- Zahnstocher
- durchsichtiges Klebeband oder Kreppband
- Schulmalfarben
- Pinsel
- Wasserbecher
- weißes Nähgarn
- weiße Reißbrettstifte
- flüssiger Klebstoff

Diese Station setzt das Arbeiten der Kinder mit einem Zirkel voraus. Können die Kinder noch nicht sicher mit dem Zirkel umgehen, ist es empfehlenswert, vorab eine Schablone anzufertigen (innerer Durchmesser 15 cm, äußerer Durchmesser 18 cm).
Styroporkugeln haben meist eine mittig verlaufende Naht, die sich gut zum Einstechen der Zahnstocher eignet.
Das Ankleben des Ringes unter die Zahnstocher erfordert ein wenig Geschick, einfacher funktioniert es zu zweit (einer hält fest, der andere klebt).
Zum Anmalen des Planeten empfehlen wir Schulmalfarben, da diese eine höhere Leucht- und Deckkraft als Wasserfarben haben.
Damit der Planet auch hängen kann, einfach ein Stück weißes Nähgarn doppelt zusammenknoten und mit einem weißen Reißbrettstift an der Kugel befestigen. Der Reißbrettstift hält besser, wenn man ein wenig flüssigen Klebstoff in das Loch gibt.

Station 2: Außerirdischer aus allerlei Alltagsmaterial (Abb. 24)
- Zeitungspapier als Unterlage
- Materialien aller Art, zum Beispiel Styroporkugeln, Draht, Knöpfe, Verpackungen, Dosen, Pfeifenputzer
- Scheren
- Klebstoff, Heißklebstoff
- Sprühlack
- Wasserfarben
- Pinsel
- Wasserbecher
- Alufolie

Bei den hier zu verwendenden Materialien sind der Fantasie keine Grenzen gesetzt. Geben Sie den Kindern frühzeitig die Aufgabe, unterschiedliche Materialien zu sammeln und richten sie eine gemeinschaftliche Sammelstelle ein – desto größer wird am Ende die Vielfalt für alle. Machen Sie den Kindern Mut, kreativ zu werden!

Ist der Außerirdische fertig gebastelt, sollte er von einem Erwachsenen mit der gewünschten Sprühlackfarbe besprüht werden. Nach dem Trocknen können die Kinder ihr Werk mit Wasserfarben und Alufolie weiter ausgestalten.

Bei dieser Arbeit ist es ratsam, einen Erwachsenen als Hilfe bereitzustellen, da eventuell die Verwendung von Heißklebstoff erforderlich ist.

Station 3: Rakete im Weltall (Abb. 25)
- Zeitungspapier als Unterlage
- mittel- bis dunkelblaues Tonpapier, Größe 50 x 70 cm
- Jaxonkreiden oder Wachsmalstifte
- Alufolie
- Scheren
- Flüssigklebstoff oder Klebestifte

Um ein geeignetes Format zu haben und dabei gleichzeitig zu viel Verschnitt zu vermeiden, sollte bei einem großen Tonpapierbogen die kurze Seite um ca. 10 cm verkürzt und der Bogen dann halbiert werden. Alternativ zur Jaxonkreide können auch gewöhnliche Wachsmalstifte verwendet werden. Die starke Leucht- und Deckkraft von Jaxonkreiden trägt jedoch maßgeblich zur Wirkung des Bildes bei (eine Investition, die sich lohnt – 24er-Packung ab 7,50 €).

Beim Festkleben der Alufolienteile ist darauf zu achten, dass Flüssigklebstoff häufig zu Klebstoffklecksen führt. Bei der Verwendung eines Klebestiftes aufpassen, dass die Alufolie nicht reißt (besonders bei bereits halb eingetrockneten Klebestiften).

Station 4: Schmirgelpapier-Planetenbild (Abb. 26)
- Zeitungspapier als Unterlage
- weißes Papier, Größe DIN A2
- Wasserfarben
- Schwämmchen
- Wasserbecher
- Schmirgelpapier (schwarz), ca. 1 DIN-A4-Blatt pro Kind
- Zirkel und/oder Kreisschablonen
- Scheren
- Klebstoff
- Jaxonkreiden

Diese Station setzt das Arbeiten der Kinder mit einem Zirkel voraus. Können die Kinder noch nicht sicher mit dem Zirkel umgehen, ist es empfehlenswert, vorab eine oder mehrere Kreisschablonen anzufertigen.

Schwämmchen gibt es im Fachhandel zu kaufen – eine weitaus billigere Variante sind gewöhnliche Haushaltsschwämme im 10er-Pack (oft schon für 1–2 €). Die Schwämme einfach vierteln! Schmirgelpapier gibt es in unterschiedlichen Körnungen im Baumarkt. Wir empfehlen eine 40er-Körnung.

Station 5: Mondoberfläche aus Strukturpaste (Abb. 27, 28)
- Zeitungspapier als Unterlage
- Leinwände, ca. 20 x 20 cm
- Strukturpaste oder Instant-Spachtelmasse
- Schälchen
- Holzspachtel
- Wasserfarben
- Deckweiß
- Pinsel
- Wasserbecher

Anstelle der Leinwände können auch Zuschnitte aus Zeichenblockpappen verwendet werden. Als Holzspachtel eigenen sich auch wunderbar Eisstiele. Strukturpaste gibt es im Fachhandel, Instant-Spachtelmasse im Baumarkt (1 kg reicht für ca. 25 Kinder).

Station 6: Fadenbild-Sonne (Abb. 29)

- Holzbretter, Größe ca. 30 x 30 cm
- Zirkel und/oder Kreisschablonen
- Bleistifte
- Schulmalfarben
- Pinsel
- Wasserbecher
- Hammer
- Nägel (pro Kind werden ca. 50 Stück benötigt)
- gelbes Nähgarn oder Zwirn
- Scheren

Holzbretter bekommt man gelegentlich im Baumarkt als Reste umsonst. Ein 30 x 30 cm großes Brett (Dicke 1,5–2 cm) stellt eine gute Größe dar. Nägel sind ebenfalls im Baumarkt erhältlich. Man sollte mit ca. 50 Nägeln pro Kind rechnen. Bei der Auswahl der Nägel ist auf die Dicke des Brettes sowie die Größe des Nagelkopfes zu achten. Ist der Kopf zu klein, kann das Nähgarn beim Bespannen leichter abrutschen.

Der Einsatz von Zirkel oder Kreisschablonen ist auf die Klasse abzustimmen bzw. bietet eine kleine Differenzierungsmöglichkeit. Können die Kinder noch nicht sicher mit dem Zirkel umgehen, ist es empfehlenswert, vorab eine oder mehrere Kreisschablonen anzufertigen.

Es ist sinnvoll, erst zu nageln und anschließend das Brett anzumalen, da beim Nageln häufig die Farbe wieder abplatzt.

Bei der Arbeit mit dem Hammer ist besondere Vorsicht geboten. Die Kinder unbedingt zu vorsichtigem Arbeiten anhalten! Ein/e erwachsene/r Helfer/in ist bei dieser Arbeit von Vorteil.

Station 1 — Planetenmodell Saturn

So wird's gemacht:

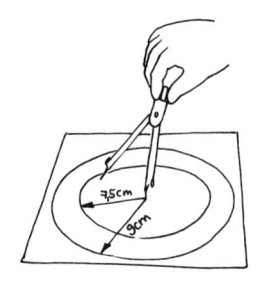

1. Nimm dir eine Pappe und einen Zirkel.

2. Zeichne den Ring des Saturns auf. Der innere Durchmesser des Kreises soll 15 cm und der äußere Durchmesser 18 cm betragen.
   → **Tipp:** Stelle deinen Zirkel auf einen Radius von 7,5 cm (innerer Kreis) und 9 cm (äußerer Kreis) ein.

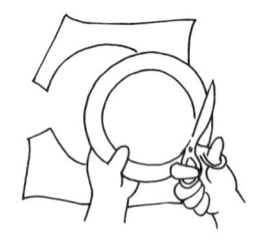

3. Schneide den Ring ordentlich aus.

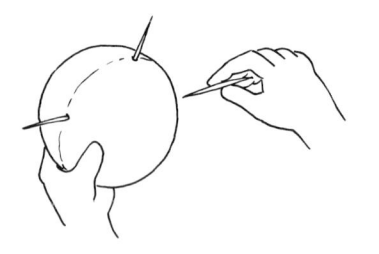

4. Nimm dir vier Zahnstocher und eine Styroporkugel. Stecke die Zahnstocher in gleichmäßigem Abstand in die Naht deiner Styroporkugel.

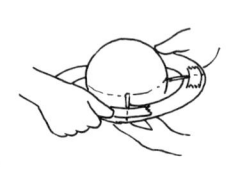

5. Suche dir einen Helfer oder eine Helferin. Klebt gemeinsam den Pappring unter die in der Kugel steckenden Zahnstocher. Nehmt dazu durchsichtiges Klebeband.
   → Einer hält die Kugel und den Ring, der andere klebt die Zahnstocher fest.

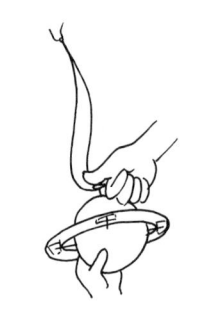

6. Damit dein Planet hängen kann, nimm dir ein Stück Nähgarn und knote die beiden Enden zusammen. Nimm dir einen Reißbrettstift und befestige damit den Faden an deiner Kugel.

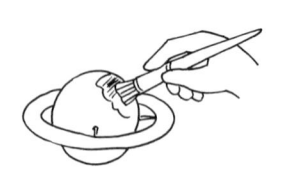

7. Überlege dir, welche Farbe der Planet Saturn hat. Male deinen Saturn in dieser Farbe an.
   → Male zuerst die Kugel an und hänge sie zum Trocknen auf. Male dann den Ring an.

Station 2 — Außerirdischer aus allerlei Alltagsmaterialien

So wird's gemacht:

① Schaue dir eure gesammelten Materialien an. Überlege dir, wie dein Außerirdischer aussehen könnte.
 → Ist sein Körper vielleicht eine Dose oder eine Papprolle?
 → Hat dein Außerirdischer Arme? Wie viele? Sind sie vielleicht aus Draht, Strohhalmen, Wolle …?
 → Hat er auch Augen?
 → Denke daran, dass dein Außerirdischer nicht umfallen soll! Hat er Beine und Füße oder nur Füße? Oder keins von beidem?

② Bastle ihn.

③ Ist dein Außerirdischer fertig, lass ihn von einem Erwachsenen mit Farbe ansprühen.

④ Wenn dein Außerirdischer getrocknet ist, kannst du ihn mit Wasserfarben anmalen und mit Alufolie verschönern.

Station 3 — Rakete im Weltall

So wird's gemacht:

1. Nimm dir einen Bogen blaues Tonpapier.

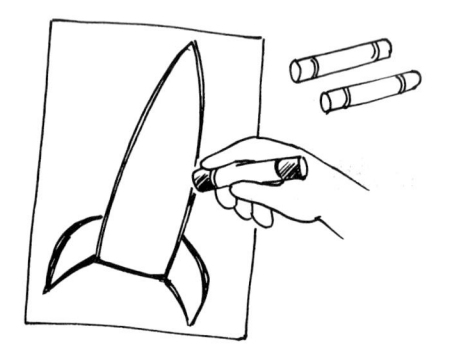

2. Überlege dir, wie deine Rakete aussehen soll.
   Male sie mit Jaxonkreide auf dein Tonpapier.

   → Male die Rakete möglichst groß.
   → Verwende verschiedene Farben, damit die Rakete schön bunt wird.
   → Überlege dir, welche Teile der Rakete du mit Alufolie bekleben möchtest.

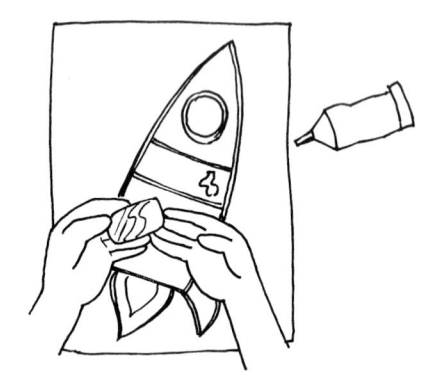

3. Klebe die Alufolie vorsichtig auf.

4. Da deine Rakete durch das All fliegt, kannst du noch Planeten um sie herum malen.

Station 4: Schmirgelpapier-Planetenbild

So wird's gemacht:

1. Nimm dir einen Bogen weißes Papier, ein Schwämmchen und deinen Wasserfarbkasten.

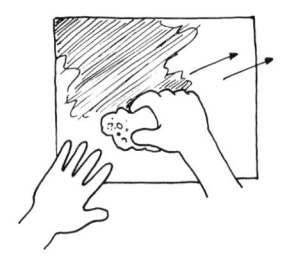

2. Färbe das Blatt blau ein.
   → Mit dem Schwamm immer nur in eine Richtung streichen.

3. Überlege dir, wie viele Planeten du malen möchtest und wie groß sie sein sollen.
   Nimm dir ein Blatt Schmirgelpapier, einen Zirkel und eine Schere.

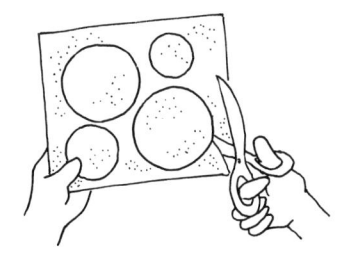

4. Zeichne die Umrisse deiner Planeten mit dem Zirkel auf die Rückseite des Schmirgelpapiers und schneide sie aus.

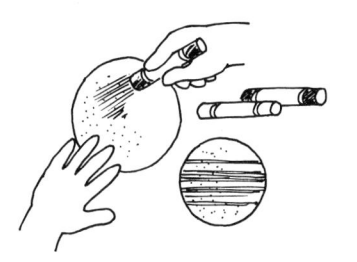

5. Welche Farben sollen deine Planeten haben?
   Male sie mit Jaxonkreide an.

6. Klebe deine Planeten auf dein blau eingefärbtes Blatt, wenn es trocken ist.

7. Gestalte den Rest des Bildes mit Jaxonkreide.
   → Hat der Planet einen Ring?
   → Gibt es Sterne?

Station 5 — Mondoberfläche aus Strukturpaste

So wird's gemacht:

1. Nimm dir eine Leinwand und einen Bleistift.

2. Überlege dir, wie dein Mond auf deinem Bild sichtbar sein soll.
   → Sieht man ihn ganz oder nur einen Teil davon?

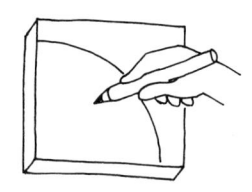

3. Zeichne deinen Mond auf die Leinwand.

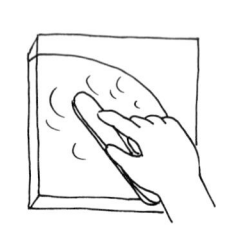

4. Nimm dir dann einen Holzspatel und etwas von der Spachtelmasse und gestalte damit deine Mondoberfläche.
   → Du kannst auch mit deinen Fingern arbeiten.
   → **Achtung:** Geht dein Mond über den Rand der Leinwand hinaus, lasse auch die Spachtelmasse über den Leinwandrand hinausgehen!

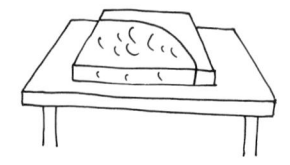

5. Ist deine Mondoberfläche fertig, lege dein Bild zum Trocknen.

6. Mische dir mit Deckweiß die Farbe Grau und male damit deine Mondoberfläche an.

7. Male den Hintergrund schwarz an.
   → **Achtung:** Achte darauf, dass du immer auch den seitlichen Rand der Leinwand mit anmalst!

Station 6 — Fadenbild-Sonne

So wird's gemacht:

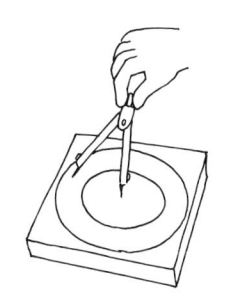

1. Nimm dir ein Holzbrett und einen Zirkel.

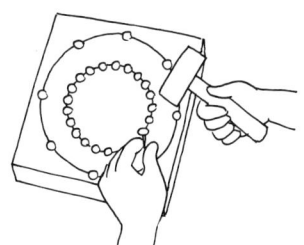

2. Zeichne zwei Kreise ineinander auf dein Brett.

   → **Achtung:** Der äußere Kreis soll vom inneren mindestens einen Abstand von 4 cm haben!

3. Hole dir einen Hammer und Nägel.
   Schlage Nägel in kurzen Abständen (ca. 1 cm) auf deinen **inneren** Kreis.
   Schlage Nägel in größerem Abstand (ca. 7–8 cm) auf deinen **äußeren** Kreis.

   → **Achtung**: Achte auf deine Finger!

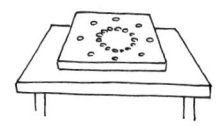

4. Male dein Holzbrett in einer Farbe deiner Wahl an.

5. Lege das Holzbrett zum Trocknen.

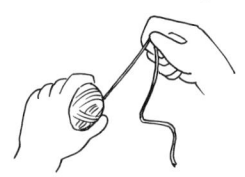

6. Schneide dir einen möglichst langen gelben Faden ab und wickle ihn zu einem kleinen Knäuel auf (damit sich der Faden nicht verheddert).

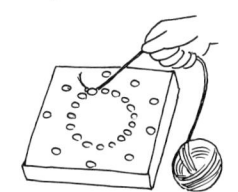

7. Binde den Anfang des Fadens an einem Nagel auf deinem inneren Kreis fest.

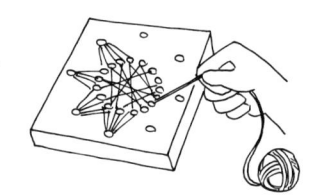

8. Spanne den Faden von Nagel zu Nagel kreuz und quer, bis deine Sonne gelb wird.
   → Rutscht dein Faden vom Nagel ab, wickle ihn einmal um den Nagel herum.

   → **Achtung**: Vergiss die äußeren Nägel nicht!

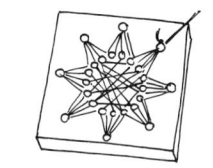

9. Ist deine Sonne fertig, verknote den Faden an einem Nagel.

Zauberhafte Schmetterlinge

Lehrerinformation

Schmetterlinge sind zauberhafte Tiere, die Kinder faszinieren. Die Beobachtung der Entwicklung von der Raupe zum Schmetterling ist eine wunderbare Erfahrung, die stark beeindruckt. Schmetterlinge regen die Fantasie an und bieten zahlreiche Möglichkeiten zur künstlerischen Umsetzung.

Zu empfehlende Literatur:
Merian, Maria Sybilla: Das Insektenbuch, Frankfurt am Main und Leipzig 1991
Möller, Ingrid: Ein Schmetterling aus Surinam, Weinheim und Basel 1997

Internetlinks:
www.butterflyalphabet.com (Butterfly Alphabet von Kjell Sandved)
www.gbiu.de/Hamsterkiste/001.html (Lerngeschichte: Schmetterlinge)
www.medienwerkstatt-online.de (Stichwort: Tiere → Insekten → Schmetterlinge; hier kann man kostenlos Karteikarten zum Thema herunterladen)

Materialaufstellung

Station 1: Schmetterling mit Ölpastellkreide (Abb. 30, 31)
- Zeitungspapier als Unterlage
- farbiger Tonkarton, Größe 50 x 70 cm (pro Kind ein Viertel)
- Ölpastellkreiden
- Abbildungen von Schmetterlingen
- eventuell Scheren und Klebstoff

Man kann den fertigen Schmetterling ausschneiden lassen und auf ein sauberes Tonpapier kleben. Durch die Arbeit mit der Ölpastellkreide wird der Hintergrund des Malblattes etwas unsauber.

Station 2: Experimentieren mit Klebstoff (Abb. 32)
- Zeitungspapier als Unterlage
- Karton, Größe DIN A4 (hier kann einfacher grauer Karton verwendet werden)
- Bleistifte
- Holzleim
- silberne Acrylfarbe
- dicke Pinsel
- Wasserbecher
- Schuhcreme (rot, braun oder blau)
- Lappen
- eventuell Tonkarton und Klebstoff

Diese Technik ist sehr einfach, schnell zu bearbeiten und hat einen großen Effekt. Man kann das Bild später auf einen schönen Tonkarton kleben und als Elterngeschenk verwenden. Die Technik eignet sich ebenfalls zur Herstellung von Karten mit anderen einfachen Motiven. Der Geruch der Schuhcreme verliert sich nach ein paar Tagen.

Station 3: Leinwandmalerei nach Louisa Lente (Abb. 33, 34, 35)
- Zeitungspapier als Unterlage
- Ausdrucke von Bildern und/oder Poster der Künstlerin Louisa Lente als Beispiel (Google: Louisa Lente, Poster sind im Handel erhältlich)
- Leinwände, Größe DIN A4
- Acrylfarben in verschiedenen Farbfamilien
- alte Teller (als Palette)

- Pinsel in verschiedenen Größen (Nr. 2, 4, 6, 8, 10, 12)
- Wasserbecher
- Buntstifte

Es bietet sich an, die Kinder an Gruppentische je nach Farbfamilie zu setzen. So können mehrere Kinder (4 bis 6) an einer „Palette" arbeiten. Das ist zeitsparend, weil man später weniger aufzuräumen hat und beim Aufbau der Station leichter die Farbe verteilen kann. Auch werden die Acrylfarben dadurch effektiver aufgebraucht. Als Palette eignen sich alte Porzellanteller.

Das Mischen der Farbe für den Hintergrund sollte genauer besprochen werden. Mit dem Nachfahren der Konturen mit Buntstiften kann man den Effekt des Bildes deutlich verstärken.

Louisa Lente malt dekorative Bilder, die im Posterversand oder als Kunstdruck erhältlich sind. Genaueres über die Künstlerin ist nicht bekannt.

Station 4: Blumentopfstecker (Abb. 36)
- die Schmetterlingsvorlage in entsprechender Anzahl auf weißen Karton (160g/qm) kopieren
- Bunt- oder Filzstifte
- Scheren
- lange Schaschlikspieße
- Nadeln oder Pinnwandnägel

Diese Station ist einfach zu bearbeiten, wenig betreuungsintensiv und leicht vorzubereiten.

Station 5: Collage mit Faltschmetterling (Abb. 37)
- farbiges Faltpapier (quadratisch, Seitenlänge 15 cm)
- Buntstifte
- weißes Papier, Größe DIN A4

Dieses Motiv eignet sich gut als Sommermotiv für einen selbst gebastelten Kalender. Es ist einfach umzusetzen und hat einen guten Effekt. Für das Ausgestalten des Hintergrundes eignen sich Buntstifte besser als Filzstifte, da sie einen schöneren und lebendigeren Farbauftrag haben.

Station 6: Mimikry (Abb. 38)
- Zeitungspapier als Unterlage
- Ausschnitte aus Illustrierten
- Zeichenblockpapier, Größe DIN A4 oder größer
- Klebestifte
- Wasserfarben
- Pinsel in verschiedenen Stärken (Nr. 2, 4, 6, 8)
- Wasserbecher

Schmetterlinge sind äußerlich ihrem Lebensraum angepasst. Durch ihre typische Färbung kann man sie mitunter nur sehr schwer erkennen. Die Kinder sollen hier versuchen, einen Zeitungsausschnitt in die malerische Gestaltung ihres Bildes so miteinzubeziehen, dass man ihn möglichst nicht finden kann. Sie müssen sich dabei in der Farbwahl und im Muster stark der durch den Zeitungsausschnitt gemachten Vorgabe anpassen. Wenn sich die Kinder auf die Aufgabenstellung einlassen, kommen verblüffende und sehr schöne Ergebnisse zustande. Bei der Auswahl der Zeitungsausschnitte muss darauf geachtet werden, dass sie die Fantasie anregen.

Es ist sinnvoll, die Blätter des Zeichenblocks vor dem Malen zu lösen. Damit werden zum einen die restlichen Blätter nicht beschmutzt und zum anderen wird das neue Bild nicht beim Heraustrennen zerrissen.

Station 7: Bunte Schmetterlingsblüte (Abb. 39)
- die Blütenvorlage in entsprechender Anzahl auf weißen Karton (160g/qm) kopieren oder eine Schablone anfertigen
- Ölpastellkreide

- Scheren
- Trinkhalme
- dünner Blumendraht
- Klebeband
- Schaschlikspieß, ca. 30 cm
- Honigwasser

Die Schmetterlingsblüte lockt tatsächlich Schmetterlinge an. Für die Kinder ist es ein Wunder, die Tiere an ihrer selbst gebastelten Blüte zu beobachten. Ist die Blüte leuchtend rot, wirkt sie für die Tiere besonders attraktiv.
Beim Befestigen des Strohhalms brauchen die Kinder ein wenig Hilfe.

Station 8: Schmetterlingsmobile
- die Schmetterlingsvorlage in entsprechender Anzahl auf buntes Papier (160g/qm) kopieren
- Scheren (wenn möglich Silhouettenscheren)
- Buntstifte oder Filzstifte
- Wolle
- spitze Nadel
- Faden, ca. 80 cm lang

Am schönsten sieht das Mobile aus, wenn die Schmetterlinge unterschiedliche Papierfarben haben. Eine Kopie pro Kind reicht aus. Die Kinder können die Farben untereinander tauschen. Die fertigen Schmetterlinge können nun aneinandergenäht werden. Dazu einen Knoten in das Ende des Fadens machen und beginnend beim Kopf des untersten Schmetterlings einstechen, ein Fadenstück von ca. 10 cm frei lassen, in das untere Ende des nächsten Schmetterlings einstechen. Der Faden wird hinter dem Körper des Schmetterlings geführt und am Kopf wieder befestigt. Jetzt erneut ein Fadenstück von ca. 10 cm frei lassen und den dritten Schmetterling auf die gleiche Weise befestigen. Über dem Kopf des obersten Schmetterlings ein längeres Fadenstück von ca. 30 cm überstehen lassen. Nun kann der fertige Schmetterling aufgehängt werden.

Station 1 — Schmetterling mit Ölpastellkreide

So wird's gemacht:

1. Du brauchst bunten Tonkarton und Ölpastellkreide.

2. Suche dir eine Schmetterlingsabbildung aus.

3. Zeichne mit der Kreide vorsichtig die Umrisse eines Schmetterlings auf den Tonkarton. Der Schmetterling soll das Papier ausfüllen.

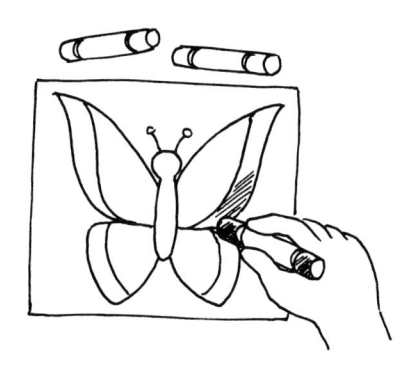

4. Gestalte den Schmetterling mit einem bunten Muster wie in der Natur.
   → Du kannst auch einen Fantasieschmetterling zeichnen.

5. Fahre zum Schluss die Ränder der Farbflächen mit einer dunkleren Kreide nach. Dann leuchten die Farben schöner.

Station 2 — Experimentieren mit Klebstoff

So wird's gemacht:

1. Tag:

(1) Du brauchst einen Karton, einen Bleistift und Holzleim.

(2) Zeichne einen schön gemusterten Schmetterling mit Bleistift auf den Karton.

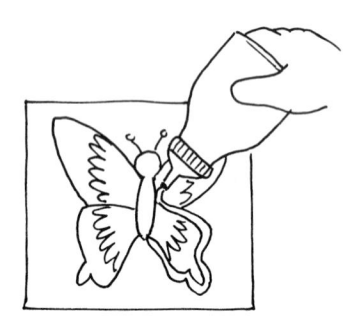

(3) Fahre alle Linien mit Holzleim nach.

(4) Lege das Bild zum Trocknen.

2. Tag:

(1) Nimm einen großen Pinsel und silberne Acrylfarbe.

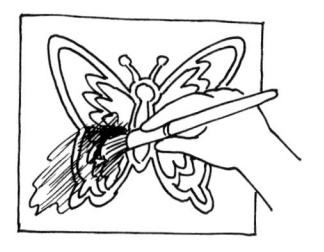

(2) Übermale dein ganzes Bild ordentlich mit der Silberfarbe.

(3) Nimm nach einer Stunde etwas Schuhcreme auf einen Lappen. Reibe damit dein ganzes Bild ein.
Es sieht nun aus wie ein wertvolles Gemälde.

Station 3 — Leinwandmalerei nach Louisa Lente

So wird's gemacht:

1. Sieh dir die Bilder von Louisa Lente genau an. Entscheide dich für eine Farbfamilie. Überlege dir, ob du einen großen Schmetterling oder mehrere kleine malen möchtest.

2. Du brauchst eine Leinwand, die Farben deiner Farbfamilie auf einem Teller als Palette und Pinsel in verschiedenen Größen.

3. Male den Hintergrund in einer Farbe an. Damit er nicht so gleichmäßig aussieht, kannst du deine Farbe aus verschiedenen Tönen mischen. Trage die Farben unregelmäßig auf, dann sieht dein Hintergrund lebendiger aus.

4. Wenn dein Hintergrund trocken ist, zeichne einen großen oder mehrere kleine Schmetterlinge vorsichtig mit dem Bleistift auf die Leinwand.

5. Male die Schmetterlinge in einer Farbe an, die sich gut vom Hintergrund abhebt.

6. Nach dem Trocknen kannst du die Ränder deines Schmetterlings mit einem Buntstift vorsichtig nachfahren. Wähle eine dunkle Farbe aus deiner Farbfamilie.

| Station 4 | Blumentopfstecker |

So wird's gemacht:

(1) Du brauchst eine Schmetterlingsvorlage, Buntstifte, einen Schaschlikspieß, eine Schere und eine Nadel.

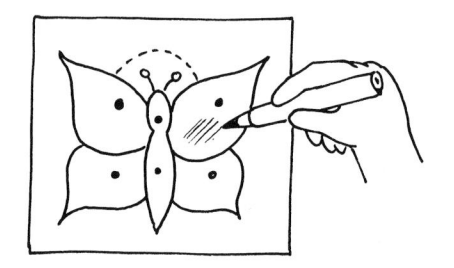

(2) Male den Schmetterling mit Bunt- oder Filzstiften farbenfroh aus.

(3) Schneide ihn ordentlich aus.

(4) Bohre mit einer Nadel Löcher in die vorgezeichneten schwarzen Punkte und stecke den Schaschlikspieß vorsichtig hindurch.

(5) Nun kannst du deinen Blumentopfstecker zu einer Pflanze in die Erde stecken.

Station 4 — **Blumentopfstecker Vorlagen**

Die Zeichnungen können vergrößert werden.

Station 5 — Collage mit Faltschmetterling

So wird's gemacht:

① Du brauchst ein buntes Faltpapier.

② Schau dir die Faltanleitung genau an. Falte Schritt für Schritt nach.

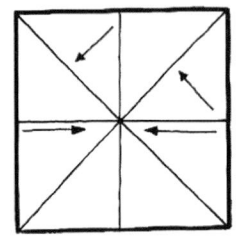

Falte dein Blatt in jede Richtung vor und zurück.

Schiebe die Seiten in die Mitte.

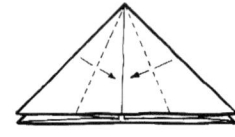

Falte die offenen Kanten nach unten.

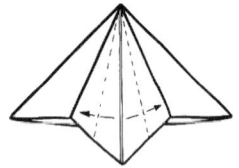

Falte die oberen Kanten in die Mitte.

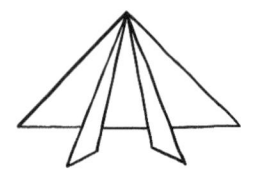

Falte die in der Mitte liegende Bruchkante wieder nach außen an die zuletzt entstandenen Brüche, sodass lange schmale Dreiecke entstehen.

③ Nimm nun ein weißes Blatt Papier und Buntstifte. Male einen wunderschönen Hintergrund für deinen Schmetterling. Das ganze Blatt soll ausgefüllt sein.
→ Fliegt dein Schmetterling über eine Wiese, durch einen Regenbogen oder in einer Berglandschaft?

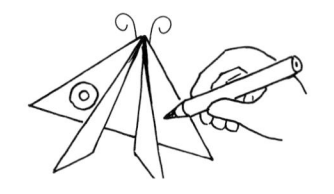

④ Zeichne auf deinen Schmetterling ein schönes Muster. Bastle kleine Fühler aus buntem Papier.

⑤ Klebe zum Schluss den Schmetterling auf das fertige Bild.

Station 6 — Mimikry

Schmetterlinge sind äußerlich meist gut an ihre Umgebung angepasst. Nur mit besonders wachsamem Blick kann man sie erkennen. Diese Tarnung zum Schutz vor Feinden nennt man auch Mimikry.

Du sollst nun einen Ausschnitt aus einer Zeitschrift in deinem Bild verstecken.

So wird's gemacht:

1. Du brauchst deinen Zeichenblock, Wasserfarben, Pinsel und Klebstoff.

2. Suche dir bei deiner Lehrerin oder deinem Lehrer einen Bildausschnitt aus.

3. Überlege dir, wie du dein Bild gestalten könntest, damit sich der Bildausschnitt gut in das Bild einfügt und nicht mehr zu erkennen ist.

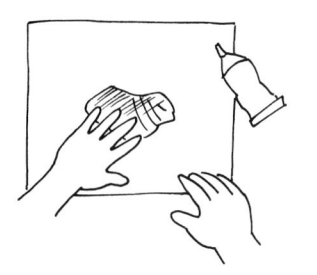

4. Klebe den Ausschnitt auf die passende Stelle auf deinem Zeichenpapier.

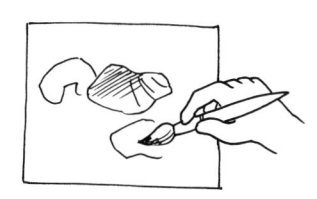

5. Male dein Fantasiebild. Hier ist alles erlaubt!
   → Rühre die Farben so lange, bis im Töpfchen kleine Blasen entstehen.
   → Mische die passenden Farbtöne an. Probiere die gemischten Farben auf einem kleinen Extrablatt aus.

6. Kann man den versteckten Ausschnitt noch erkennen?

Station 7 — Bunte Schmetterlingsblüte

Mit dieser Blüte lockst du Schmetterlinge an und kannst sie gut beobachten.

So wird's gemacht:

1. Du brauchst eine Blütenvorlage, Ölpastellkreide, einen Strohhalm, einen Schaschlikspieß, eine Schere und Blumendraht.

2. Male die Schmetterlingsblüte mit Ölpastellkreide an.

3. Schneide sie ordentlich aus.

4. Schneide 10 cm vom Strohhalm ab, knicke ein Drittel um und umwickle es fest mit Blumendraht. Der Strohhalm soll später mit Honigwasser gefüllt werden und muss dicht halten.

5. Bohre mit der Schere ein Loch in die Mitte deiner Blüte.

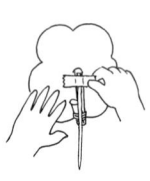

6. Stecke den Strohhalm durch und befestige ihn auf der Rückseite mit Klebeband. Oben aus deiner Blüte schaut nun die offene Seite des Strohhalms. Die abgeknickte und mit Draht umwickelte Seite befindet sich unterhalb deiner Blüte. Befestige hier mit Klebeband einen Stab zum In-die-Erde-Stecken.

7. Fülle ein wenig Wasser mit Honig in die Öffnung des Strohhalms.

8. Suche einen geeigneten Platz für deine Blüte in einem Blumentopf auf der Terrasse oder dem Balkon.

9. Nun brauchst du einen sonnigen Tag und etwas Geduld. Dann kannst du Schmetterlinge beobachten, die sich durch deine bunte Blume und den Duft des Honigwassers angezogen fühlen.

Station 7

Bunte Schmetterlingsblüte
Vorlage

Station 8 — Schmetterlingsmobile

So wird's gemacht:

1. Du brauchst eine Kopie der drei Schmetterlinge, eine Schere und Buntstifte oder Filzstifte.

2. Schneide einen Schmetterling aus. Nimm für die Mitte der Flügel die kleine Silhouettenschere.

3. Tausche mit den anderen Kindern die kopierten Vorlagen aus, sodass du drei verschiedenfarbige Schmetterlinge hast. Du brauchst zwei kleine und einen großen Schmetterling.

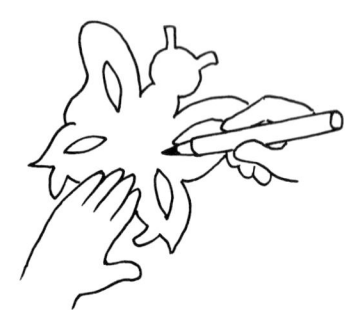

4. Male deine Schmetterlinge bunt an.

5. Nun müssen die Schmetterlinge nur noch aufgehängt werden. Nähe die Schmetterlinge mit einem langen Faden aneinander. Mache in das Ende des Fadens und jeweils in die Punkte auf den Schmetterlingen einen Knoten. Über dem letzten Schmetterling lässt du den Faden ein wenig überstehen.

Station 8 — *Schmetterlingsmobile Vorlage*

Rosina Wachtmeister

Lehrerinformation

Rosina Wachtmeister ist eine österreichische Künstlerin. Sie wurde 1939 in Wien geboren. Ihre Kindheit verbrachte sie am Attersee. Mit 14 Jahren ging sie mit ihren Eltern nach Brasilien. Dort besuchte sie eine Kunstschule und studierte Bildhauerei sowie Bühnenbildnerei. Durch diverse Ausstellungen wurde sie schnell weltweit bekannt. Geschnitzte Puppen aus dieser Zeit sind heute in der Internationalen Jugendbibliothek in Schloss Blutenburg in München ausgestellt. 1974 kam sie zurück nach Europa. Sie hat zwei Töchter und wohnt mittlerweile in Capena, einem kleinen Dorf in der Nähe von Rom.

In ihren Werken gibt sie romantischen farbenfrohen Motiven den Vorzug. Sehr bekannt sind ihre im charakteristischen Stil gemalten Katzen.

Im Internet lassen sich auf Seiten wie www.rosina-wachtmeister.de; www.AllPosters.de; oder www.Easyart.de sowie in den unterschiedlichsten Katalogen (Rubrik Haushalt) zahlreiche Bilder von Rosina Wachtmeister finden. So könnte man eine kleine Collage erstellen und diese als Einblick in ihr künstlerisches Schaffen in der Klasse aufhängen. Kalender oder Kunstdrucke gibt es teilweise auch schon zu günstigen Preisen.

Der Einstieg ins Thema bietet sich über eines ihrer Kunstwerke an. Dazu das Bild „We want to be together" oder „Dia e notte" auf OHP-Folie kopieren (siehe Abb. 40 und Abb. 41 im Anhang) und den Kindern als Gesprächsanreiz anbieten.

In Klassenzimmern mit leistungsstarken Computern können die Kinder auch direkt auf www.rosina-wachtmeister.de arbeiten. Da der Computer immer mehr an Bedeutung gewinnt und auch bei den Kindern bereits zum täglichen Leben gehört, stellt diese Website eine auch für die Kinder sehr ansprechende Möglichkeit dar, einiges über Rosina Wachtmeister und ihre Werke herauszufinden. Im Bereich „Fun" gibt es verschiedene Werke der Künstlerin als Puzzle. Bei den Puzzles kann man aus unterschiedlichen Motiven und drei Schwierigkeitsstufen auswählen. Eine mitlaufende Stoppuhr ermöglicht sogar einen „Wettkampf".

Materialaufstellung

Station 1: Blumentopfstecker Katze (Abb. 42, 43)
- farbiger Tonkarton, Größe DIN A4
- Bleistifte
- Scheren
- Jaxonkreiden
- Klebstoff
- Alufolie
- Schaschlikspieße
- eventuell Schablonen

Für diese Station gibt es zwei unterschiedliche Schablonen. Das sollte Sie jedoch nicht daran hindern, den Kindern freizustellen, ihre eigenen Katzen zu entwerfen.

Station 2: Eine Katze aus Efaplast (Abb. 44)
- Knetunterlagen
- Efaplast (für 4 bis 5 Kinder wird etwa 1 kg benötigt)
- Tonwerkzeuge (falls vorhanden)
- Wasserfarben
- Pinsel
- Wasserbecher

Efaplast ist eine hervorragende Alternative zum Ton. Es lässt sich leichter verarbeiten (Konsistenz wie Knete) und muss nicht gebrannt werden, sondern trocknet innerhalb von ca. 24 Stunden an der Luft. Efaplast ist im Fachhandel erhältlich (5–6 € pro kg). Ein Paket reicht für 4 bis 5 Kinder.

Station 3: Lass die Sonne scheinen (Abb. 45)
- Zeitungspapier als Unterlage
- Bierdeckel (rund oder quadratisch, pro Kind einen)
- Wasserfarben
- breite Pinsel (Nr. 20) oder Schwämmchen
- Pinsel (Nr. 6–10)
- Wasserbecher
- Bleistifte
- Alufolie
- Klebstoff
- eine Abbildung eines Kunstwerks von Rosina Wachtmeister mit Sonne (siehe Abb. 40 im Anhang)
- farblich passender Bogen Tonpapier (50 x 70 cm)

Rosina Wachtmeister malt unterschiedliche Arten von Sonnen. Wichtig ist es, die verschiedenen Merkmale zu erarbeiten. Ohne Erarbeitungsphase könnte man auch einfach Bilder von Rosina Wachtmeister mit unterschiedlichen Sonnendarstellungen zur Ansicht zur Verfügung stellen.
Blanko-Bierdeckel gibt es im Fachhandel zu kaufen. Man kann sich aber auch die Arbeit machen und gewöhnliche Bierdeckel mit etwas dickerem Papier (blickdicht) zu bekleben. Sehr schön sieht es aus, wenn man am Ende alle Bierdeckel auf einem farblich passenden Tonpapierbogen geordnet aufklebt. Zudem entsteht so das Gefühl einer Gemeinschaftsarbeit.
Anstelle eines breiten Pinsels lässt sich auch ein Schwamm verwenden.

Station 4: Bunte Stadt (Abb. 46)
- weißes Papier, Größe DIN A4 zum Skizzieren
- Bleistifte
- farbiges Tonpapier, ca. 40 x 60 cm
- Ölpastellkreiden
- Alufolie
- Klebstoff

Dieser Station sollte unbedingt eine gemeinsame Bildbetrachtung des Bildes von Rosina Wachtmeister „Dia e notte" (siehe Abb. 40 im Anhang) vorausgehen. Um gute Ergebnisse zu erzielen, ist es wichtig, die Besonderheiten des Bildes herauszuarbeiten und eventuell schriftlich auf einem Plakat oder der Tafel festzuhalten:
→ gemalter Rahmen im Bild
→ Rahmen wird teilweise übermalt
→ fantasievolle Häuser
→ Sonne
→ „Kringel"
→ „Punkte"
→ Verwendung von Silber

Eine gute Größe für das Bild ist ca. 40 x 60 cm. Als Tonpapierfarben eignen sich besonders dunkle Farben (Dunkelblau, -rot, -grün), da darauf die Leuchtkraft der Ölpastellkreide am besten zur Geltung kommt. Empfehlenswert ist es, den Kindern die zu verwendende Farbpalette auf zwei Farbtöne einzuschränken (der Farbton des Tonpapiers und ein anderer Ton). Dies ist zwar nicht zwingend notwendig, häufig neigen Kinder jedoch dazu, möglichst bunt zu malen, wodurch die Wirkung des Bildes etwas beeinträchtigt wird.
Geben Sie den Kindern an dieser Station die Möglichkeit, ihre Stadt erst auf einem Schmierpapier vorzuzeichnen. Einigen Kindern fällt das Anfangen dadurch leichter. Möchte ein Kind gleich mit dem Original anfangen, sollte das jedoch auch erlaubt sein.

Station 5: Hinterglasmalerei (Abb. 47)
- weißes Papier, Größe DIN A4 zum Skizzieren
- Bleistifte
- kleine Glasscheiben, ca. 10 x 15 cm
- durchsichtiges Klebeband

- Glasmalfarben oder Schulmalfarben oder Plakafarben
- Pinsel
- Wasserbecher

Kleine Glasscheiben kann man aus günstigen Bilderrahmen nehmen.
Schulmalfarbe oder Plakafarbe (besser) haften auch auf Glas.
Es ist wichtig, die Kinder darauf hinzuweisen, dass man auf Glas nicht sichtbar übereinander malen kann. Man sieht dann immer nur das, was zuerst gemalt wurde.

Station 6: Die Künstlerin Rosina Wachtmeister
- das Arbeitsblatt in ausreichender Anzahl kopieren
- Bleistifte

Eine Alternative zu diesem Arbeitsblatt ist die Arbeit am Computer. Die Seite www.rosina-wachtmeister.de ist besonders empfehlenswert.

Station 1 — Blumentopfstecker Katze

So wird's gemacht:

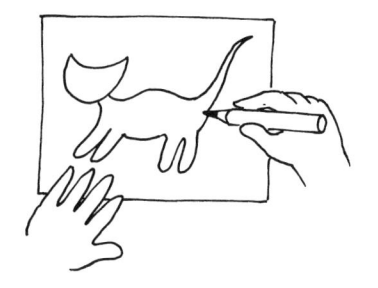

1) Überlege dir, welche Grundfarbe deine Katze haben soll.
   Nimm dir diese Farbe als Tonkarton und zeichne eine Katze auf.
   → **Achtung:** Du darfst auch eine der Schablonen verwenden!

2) Schneide deine Katze zweimal aus.

3) Male deine Katze mit Jaxonkreide so an, wie sie dir am besten gefällt.
   → **Achtung:** Denke daran – eine Katze ist die Vorderseite, eine die Rückseite!

4) Überlege, welche Teile deiner Katze du noch mit Alufolie zum Leuchten bringen könntest.
   → Klebe die Alufolie vorsichtig auf.

5) Nimm dir einen Schaschlikspieß und lege ihn zwischen die beiden Katzenteile.
   → Klebe die beiden Katzenteile zusammen.

Station 1

Blumentopfstecker Katze
Schablonen

Station 2 — Katze aus Efaplast

So wird's gemacht:

① Nimm dir eine Unterlage und ein Stück Efaplast.

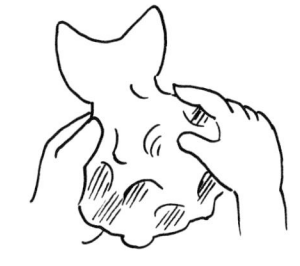

② Schaue dir die Katzen von Rosina Wachtmeister genau an. Versuche, eine ähnliche Katze zu kneten.

③ Wenn deine Katze fertig ist, dann lege sie zum Trocknen.

→ **Achtung:** Es dauert mindestens einen Tag, bis sie trocken ist!

④ Ist deine Katze trocken, male sie mit Wasserfarben an.

Station 3 — Lass die Sonne scheinen

So wird's gemacht:

1. Nimm dir einen Bierdeckel, einen breiten Pinsel und deinen Wasserfarbkasten.

2. Male den Bierdeckel gleichmäßig in einer hellen Farbe an. Das wird der Hintergrund deines Bildes.

3. Überlege dir nun, wie deine Sonne aussehen soll.

4. Wenn der Hintergrund getrocknet ist, male eine Sonne auf deinen Bierdeckel, so wie Rosina Wachtmeister sie gemalt haben könnte.
   → Du darfst sie auch vorsichtig mit Bleistift vorzeichnen.
   → **Achtung:** Verwende beim Malen mit den Wasserfarben möglichst wenig Wasser!

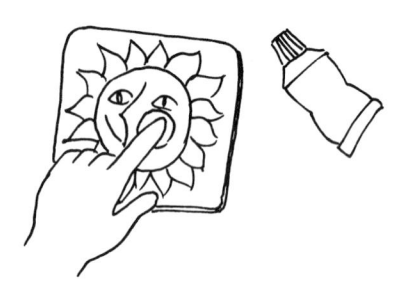

5. Überlege dir, welche Teile du mit Alufolie zum Leuchten bringen könntest.
   → Klebe die Alufolie vorsichtig auf.

Station 4 — Bunte Stadt

So wird's gemacht:

① Nimm dir ein weißes Blatt Papier und überlege, wie deine Stadt aussehen soll. Zeichne sie mit Bleistift auf.

→ **Achtung:** Denke an die Besonderheiten in Rosina Wachtmeisters Bild!

② Suche dir nun eine Tonpapierfarbe aus und nimm dir einen Bogen davon.

③ Übertrage deine Skizze der Stadt mit Jaxonkreide auf deinen Tonpapierbogen.

→ **Achtung:** Du darfst nur den Farbton deines Tonpapiers und einen anderen Farbton verwenden! (Farbton = alle Abstufungen einer Farbe, zum Beispiel Blau: Hellblau, Dunkelblau, Türkisblau)

④ Welche Teile deines Bildes möchtest du mit Alufolie bekleben?
→ Klebe die Alufolie vorsichtig auf.

Station 5 — Hinterglasmalerei

So wird's gemacht:

(1) Nimm dir einen Bogen weißes Papier und einen Bleistift. Überlege dir, was du malen möchtest und zeichne es auf dem Blatt mit Bleistift vor, zum Beispiel eine Sonne, eine Katze, ein Haus.

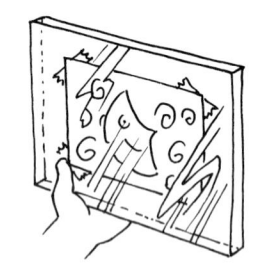

(2) Wenn du fertig bist, klebe deine Skizze mit durchsichtigem Klebeband so auf die Glasscheibe, dass man dein Bild durch das Glas sehen kann.

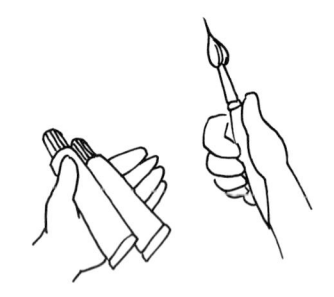

(3) Hole dir einen dünnen Pinsel und die Farben, die du benötigst.

(4) Male dein Bild mit Farbe auf das Glas.

→ **Achtung:** Denke daran, dass man auf Glas nicht übereinandermalen kann!
Man sieht nur das, was du zuerst auf die Scheibe malst.

Station 6: Die Künstlerin Rosina Wachtmeister

Rosina Wachtmeister ist eine österreichische Künstlerin. Sie wurde 1939 in Wien geboren.
Ihre Kindheit verbrachte sie am Attersee. Mit 14 Jahren ging sie mit ihren Eltern nach Brasilien. Dort besuchte sie eine Kunstschule und studierte Bildhauerei und Bühnenbildnerei. Durch Ausstellungen wurde sie schnell weltweit bekannt. Geschnitzte Puppen aus dieser Zeit sind heute in der Internationalen Jugendbibliothek in Schloss Blutenburg in München ausgestellt.
1974 kam sie zurück nach Europa.
Sie hat zwei Töchter und wohnt mittlerweile in Capena, einem kleinen Dorf in der Nähe von Rom.
Sie malt am liebsten romantische farbenfrohe Motive. Sehr bekannt sind ihre Katzen.

Lies den Text und beantworte die folgenden Fragen:

1. Wo und wann wurde Rosina Wachtmeister geboren?

2. Was passierte, als sie 14 Jahre alt war?

3. Welche Fächer studierte sie?

4. Welche Werke aus dieser Zeit sind heute in München ausgestellt?

5. Hat Rosina Wachtmeister Kinder?

6. Wo wohnt sie heute?

7. Nenne zwei Dinge, für die ihre Werke bekannt sind.

Laufzettel

für _____

PFLICHTSTATIONEN

Stationsnummer	Erledigt am	Kontrolliert am
Nummer _____		
Nummer _____		
Nummer _____		
Nummer _____		
Nummer _____		
Nummer _____		
Nummer _____		

WAHLSTATIONEN

Stationsnummer	Erledigt am	Kontrolliert am
Nummer _____		
Nummer _____		
Nummer _____		
Nummer _____		

Abbildungen

Abb. 1: Magisches Auge

Abb. 2: Indianische Maske

Abb. 3: Indianische Maske

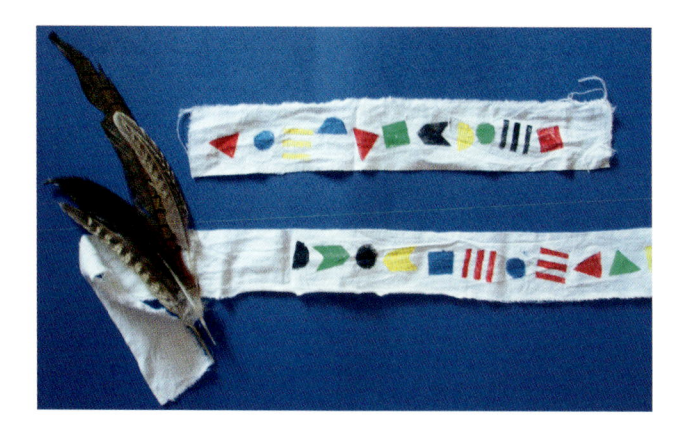

Abb. 4: Indianische Muster – Stirnband und Armband

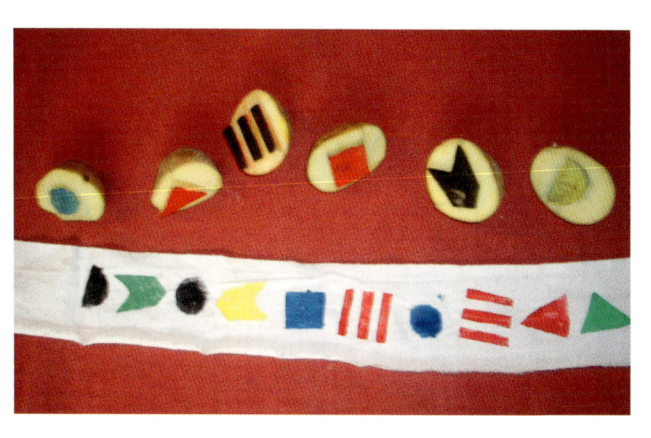

Abb. 5: Indianische Muster – Kartoffelstempel

Abb. 6: Indianerkette mit Ledersäckchen

Abb. 7: Regenmacher

Abb. 8: Totempfahl

Abb. 9: Keith Haring, „Ohne Titel" (Zeichnung für eine Pyramide), 1990

Abb. 11:
Malen mit Zuckerkreide (2)

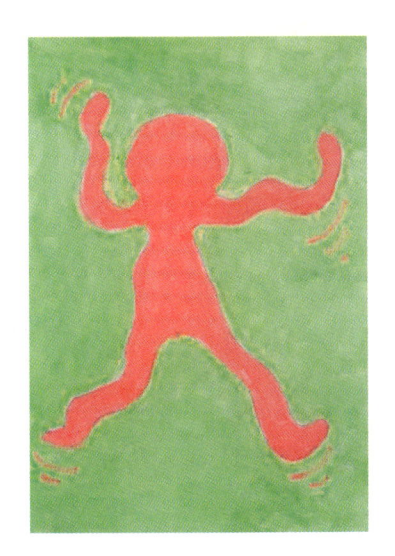

Abb. 10:
Malen mit Zuckerkreide (1)

Abb: 12:
Malen mit Zuckerkreide
(Tonkarton)

Abb. 13: Keith-Haring-Button

Abb. 14: Sammelmappe

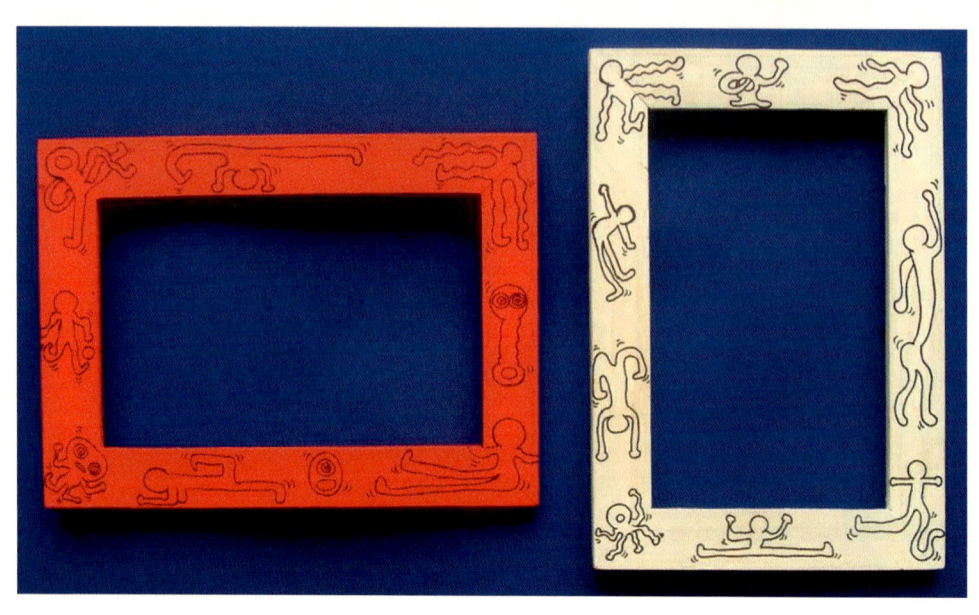

Abb. 15: Bilderrahmen

Abb. 16: Ritterburg – Bild mit beweglichen Teilen

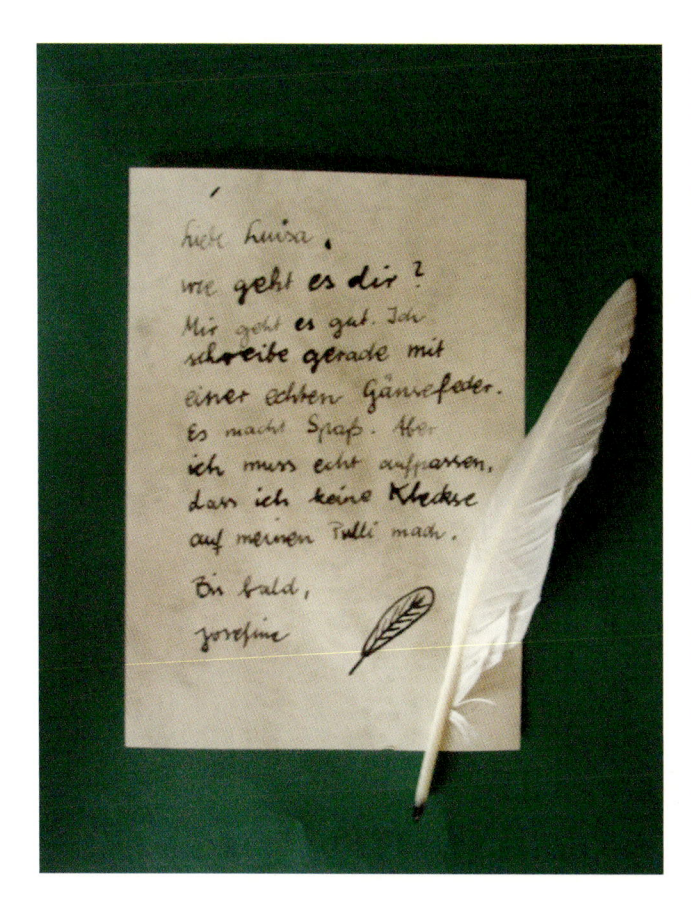

Abb. 17: Schreiben wie im Mittelalter

Abb. 18: Wappen aus Prägefolie

Abb. 19: Fantasietier – Tuschezeichnung

Abb. 20: Don Blech, der Dosenritter

Abb. 21: Exlibris – Linolschnitt (Schülerarbeit)

Abb. 22:
Exlibris von Franz Grickschat
© www.grickschat.de

Abb. 23: Saturn

Abb. 24: Außerirdischer

Abb. 25: Rakete im Weltall

81

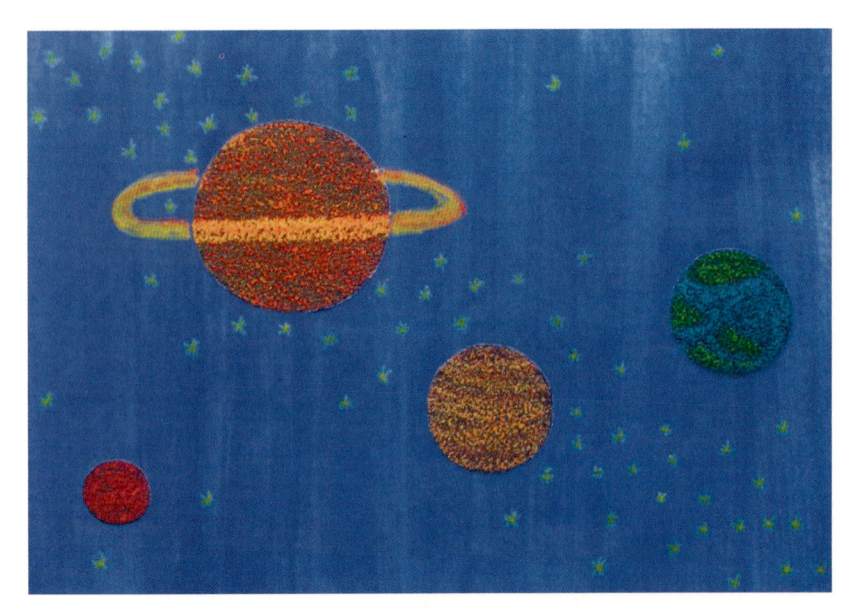

Abb. 26: Planeten

Abb. 27: Mondoberfläche (1)

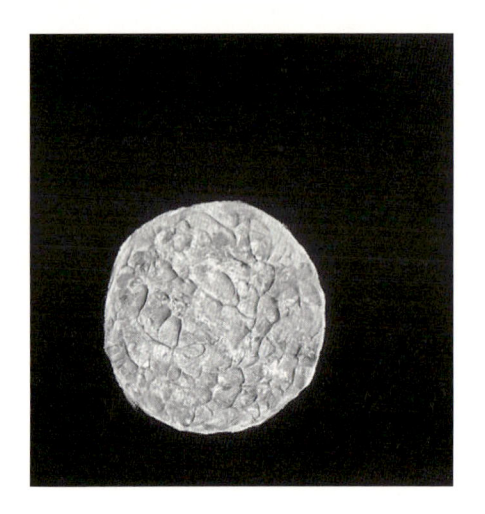

Abb. 28: Mondoberfläche (2)

Abb. 29: Sonne

Abb. 30: Schmetterling mit Ölpastellkreide (naturgetreue Darstellung)

Abb. 31: Schmetterling mit Ölpastellkreide (Fantasie)

Abb. 32: Experimentieren mit Klebstoff

Abb. 33: Louisa Lente „Schmetterling Turkis"

Abb. 34: Schmetterling nach Louisa Lente (1)

Abb. 35: Schmetterling nach Louisa Lente (2)

Abb. 36: Blumentopfstecker

Abb. 37: Collage mit Faltschmetterling

Abb. 38: Mimikry
(Hier wurde das Bild einer Auster versteckt.)

Abb. 39: Bunte Schmetterlingsblüte

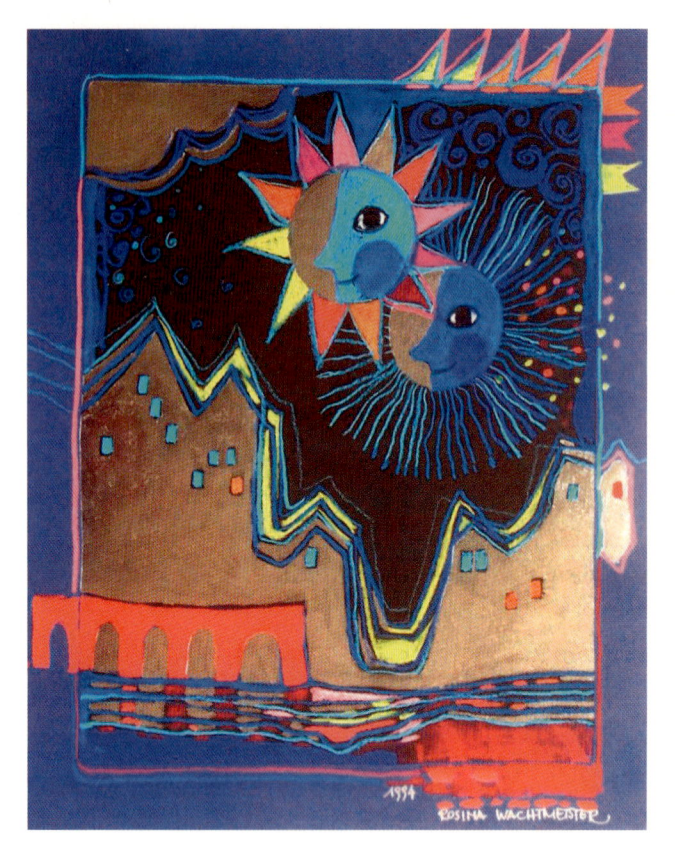

Abb. 40: Rosina Wachtmeister, „Dia e notte", 1995

Abb. 41: Rosina Wachtmeister, „We want to be together", um 2003

Abb. 42: Blumentopfstecker Katze (1)

Abb. 43: Blumentopfstecker Katze (2)

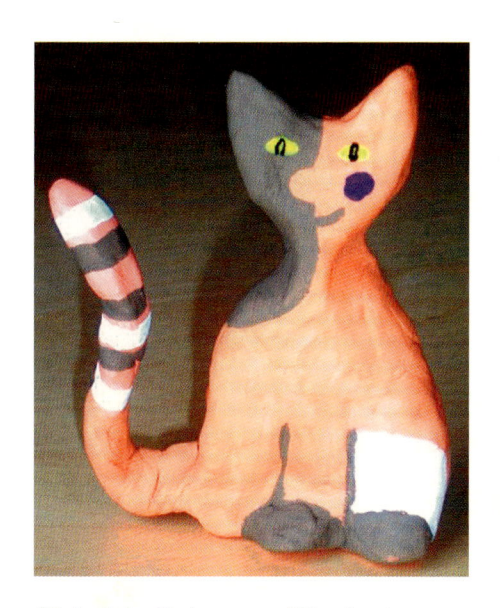

Abb. 44: Katze aus Efaplast

Abb. 45: Lass die Sonne scheinen

Abb. 46: Bunte Stadt

Abb. 47: Hinterglasmalerei

Auer empfiehlt

Die optimale Ergänzung zu diesem Buch:

Manfred Kiesel

Kreativer Kunstunterricht in der Grundschule
Zwischenaufgaben

▸ Zwischenaufgaben für den Kunstunterricht: fundiert, praxisnah, schnell umgesetzt!

Kennen Sie das: Einige Schüler sind schon fertig mit ihren Aufgaben, die Stunde dauert aber noch 20 Minuten? Dieses Praxisbuch mit einer Vielzahl an Zwischenaufgaben ist ein zuverlässiger Begleiter für Kunstlehrkräfte und fachfremd Unterrichtende. Es bietet eine Fülle von Ideen und Themen aus der Lebenswelt der Schülerinnen und Schüler.

Das Aufgabenspektrum berücksichtigt die zentralen Bereiche Malerei, Grafik sowie Körper und Raum. Die Unterrichtsvorschläge lassen sich teils als Einzel-, teils als Gemeinschaftsarbeiten umsetzen.

Unterrichtsziele und angestrebte Kompetenzen werden prägnant vorgestellt. Die übersichtliche Doppelseitengestaltung mit farbigen Abbildungen von Schülerarbeiten und Kopiervorlagen macht die Orientierung leicht.

Diese praxisnah angelegten Ideen können Sie bei Bedarf spontan einsetzen. Auch für Vertretungsstunden sind Sie mit diesen variationsreichen Gestaltungsanregungen bestens gerüstet!

Die Themen:
Malerei | Grafik | Körper und Raum

160 S., DIN A4
▸ Best-Nr. **06461**

In dieser Reihe bereits erschienen

Manfred Kiesel
Kreativer Kunstunterricht in der Grundschule
Arbeiten mit Farben
152 S., DIN A4
▸ Best-Nr. **03073**

Manfred Kiesel
Kreativer Kunstunterricht in der Grundschule
Grafik
152 S., DIN A4
▸ Best-Nr. **03174**

Bestellschein (bitte kopieren und faxen/senden)

Ja, bitte senden Sie mir gegen Rechnung:

Anzahl	Best.-Nr.	Kurztitel
	06461	Zwischenaufgaben
	03073	Arbeiten mit Farben
	03174	Grafik

☐ Ja, ich möchte per E-Mail über Neuerscheinungen und wichtige Termine informiert werden.

_____
E-Mail-Adresse

*Der E-Mail-Newsletter ist kostenlos und kann jederzeit abbestellt werden. Ihre Daten werden im Rahmen der gesetzlichen Vorschriften geschützt.
Nähere Informationen zum Datenschutz finden Sie unter: www.auer-verlag.de/go/daten

Auer Verlag
AAP Lehrerfachverlage GmbH
Heilig-Kreuz-Str. 16
86609 Donauwörth

Fax: 09 06 / 73-177
oder einfach anrufen:
Tel.: 09 06 / 73-240
(Mo-Do 8:00-16:00 & Fr 8:00-13:00)

E-Mail: info@auer-verlag.de

Absender: — Aktionsnummer: 9005

_____
Vorname, Nachname

_____
Straße, Hausnummer

_____
PLZ, Ort

_____
Datum, Unterschrift